JN125229

は じ め に

　この冊子を手にする人は、近い将来、60歳という節目を控えていることと思います。

　今年、60歳になる人が生まれた1964年といえば、東京オリンピックの開催と東海道新幹線の開業。戦後日本のめざましい復興を世界にアピールした日本にとって大きな意味をもつ年です。その後、大阪万国博覧会、札幌冬季オリンピックという大イベントを経ながら日本経済は年10％という驚異的な成長をとげ、それは『ジャパン・アズ・ナンバーワン』と世界に評価されるまでになりました。日本的経営で生活は安定し、1億総中流といわれたのもこの頃です。

　大学を卒業し社会に出ようというまさにその時、バブル景気が到来します。就職は完全な売り手市場。企業側は学生の獲得に必死で、内定後、研修と称して旅行の参加を半ば強制され他社との接触を防止、今でいう「オワハラ」を経験した人も少なくないに違いありません。

　しかしバブルも長くは続かず、社会は後に失われた20年とも30年とも呼ばれる時代に突入します。仕事では成果が強く求められ、まじめにやっていれば何とかなるという状況ではなくなりました。バブル期の大量入社世代はバブル入社組と揶揄されることもありましたが、年齢に関係なく成果が評価されるチャンスが生まれたことを追い風にした人もいたことでしょう。

　そして間もなく60歳。団塊の世代がすべて後期高齢者となり、日本は高齢社会のピークを迎えようとしています。世界史上類をみない高齢社会に高齢者デビューするのです。良くも悪くも前例のない世界を歩き続けてきた、それが1960年代生まれなのではないかと思います。

　今までいろいろなことがあったように、これからも、今は想像もできないようなことが起こることでしょう。人生100年時代。未知に満ちた道を楽しみながら進むため、真剣に将来に向かい合い、プランを立てましょう。

　待ったなし。気がついたときが始めるときです。

令和**6**年度版

私の
ライフプラン
MY LIFE PLAN

CONTENTS

第1章

考えていますか、これからの進路?
人生100年時代のライフプラン

第2章

ライフプランづくりの必須知識

第3章

家計を見直す

第4章

リスクと向き合う
早めの気づきが「そのとき」役立つ

第5章

Health & Happiness

執筆協力／CFP®・税理士・社会保険労務士 東 富士子

第1章

考えていますか、これからの進路?

人生100年時代のライフプラン

気がつけば、まさかの60歳目前
モデルがない時代・想定外を楽しむ気持ちで

65歳まで働く、65歳まで年金なしというのが当たり前になって、大きな節目だったはずの60歳は連綿と続く日常の中の1日に過ぎなくなってしまった感があります。

30代の頃に60歳に抱いていたイメージと、今の自分は重ならないことでしょう。今の社会も30年前には予測できなかったことだらけではないでしょうか。想定外のことが起こるたび何かが変わります。これからもたくさんの想定外と遭遇することでしょう。でもそれは悪いことばかりではありません。想定していなかった年まで働けるようになったように、想定していなかったことができるようになる可能性もあるのです。

生き方のモデルがない時代、先行きがわからないことを楽しむくらいで臨んではどうでしょう。道なき道をどう進むか。「定年後かくあるべき」という気持ちのバリアを取り払い、自分にとってベストなこれからを、希望を持って考えましょう。

何が違う？ これからの60代

モデルがない時代 1 「老後は年金で生活」という時代が再来か？

改正高年齢者雇用安定法で70歳までの雇用確保措置が努力義務化されてわずか3年。66歳以上も働ける制度のある企業は43.3%に達し、70歳以上まで働ける制度のある企業も41.6%とほぼ同じ水準まで広がっています。少子化や働き方改革により人手不足は深刻化するばかり。元気である限り、望みさえすれば働き続けられる態勢が整ってきました。

これに呼応して国の年金と確定拠出年金は75歳まで受取開始を繰下げることが可能になりました。定年後、年金だけでは2,000万円が不足するという情報に国会が騒然となってから10年もたちませんが、給与で暮らせる期間が伸び、年金を多くもらうしくみが整ったことで、働き方・準備の仕方によってリタイア後は貯蓄と年金で悠々自適というのも手が届くところにきています。

実現できるかは計画と準備次第。「年金では暮らせない」という前提からではなく、「どうすれば安定した状態を作れるのか」というところを出発点にして夢をもって検討していきましょう。

66歳以上も働ける制度のある企業の状況
全企業の43.3%が制度ありと回答。

| | 定年制の廃止 | 66歳以上定年 | 希望者全員66歳以上の継続雇用制度 | 基準該当者66歳以上の継続雇用制度 | その他66歳以上まで働ける制度 |

全企業	3.9%	3.4%	11.2%	12.9%	11.9%

0 5 10 15 20 25 30 35 40 45

厚生労働省「令和5年　高年齢者雇用状況等報告」

モデルがない時代 2 いくつになっても応分の負担を

65歳以上の高齢者数は3,623万人。前年より約1万人減ったものの総人口に占める割合は29.1%でさらに過去最高を更新し続けています（令和5年9月15日現在推計）。今や日本社会は高齢者ぬきでは考えられ

ません。読者世代が社会に出た頃は高齢になると税や保険料、医療費の負担が低く抑えられるようなしくみになっていましたが、既に高齢というだけの理由で受けられる優遇措置は限定されています。消費税も含めて考えるとこれからも負担は増す一方でしょう。

　一世代前の社会に養ってもらう高齢者のイメージは捨て、社会を支える一員としてのあり方を探っていきましょう。

医療費の自己負担割合

後期高齢者の医療費の自己負担割合は原則1割ですが、一定額以上の収入があると2割または3割になります。2割になる基準は、単身は年金収入とその他の所得金額の合計が200万円以上、複数世帯は320万円以上ですから、定年まで勤め上げたサラリーマンOBの多くは2割または3割負担になるものと思われます。

モデルがない時代 3 どうなる、これからの働き方？

　コロナ禍は「テレワーク」という働き方を一気に社会に広めました。セカンドライフにUターンや地方移住を考えていた人にとって、会社から遠く離れた場所に居を構えてもOKという働き方ができるようになったのは幸運です。一方、次々出てくる新しいシステムはITが苦手な人にとって苦痛だったに違いありません。

　個人のスキル次第で仕事のチャンスが得られる一方、求められるスキルにマッチしなければ残念ながら年齢はハンディとなります。もっとも働き方はいろいろで、フリーランス、自営業といった道もあれば、ボランティア的な仕事で多少の収入を得るといったこともあります。これまで蓄えてきたものと年金があるのですから、しっかり経済設計をたてれば生きがい優先の働き方を選ぶこともできるでしょう。

　60代ともなればキャリア・スキル・志向・資産・家族や友人関係など千差万別で他の誰かの生き方がそのまま自分に当てはまることはまず、ありません。選択肢は誰も示してくれません。「自分で」考え・調べ・選択する。この姿勢が大切です。

人生100年時代。命あってのライフプラン

　人生を旅になぞらえるならライフプランは旅支度というところでしょうか。

　モデルコースはありません。何を求めて、どこに向かうのか。健康面や不測の事態への備え、そして先立つもの＝お金がないことには始まりません。

　何より大切なのが健康です。表は簡易生命表をもとに60歳の人100人が何歳まで生きるかを計算したものです。2人に1人が男性は85歳・女性は90歳くらいまで生きますが、その一方で男性の約2割、女性の約1割の人は後期高齢者になれないという現実も。

　時間は無限ではありません。時間があれば、お金があれば、そう思いながら胸に抱えてきたことがひとつもないという人はいないでしょう。本当にやりたいことがあるなら、漠然とした憧れ・夢から決行の期日を具体化した計画に。使ってこそのお金です。努力して準備したものをしっかり結実させるべく、しっかりタイムスケジュールを組んでください。

■人生、100年?

	男性	女性
60歳	100人	100人
65歳	96人	98人
70歳	90人	95人
75歳	80人	91人
80歳	67人	84人
85歳	49人	72人
90歳	27人	51人
95歳	9人	26人
100歳	1人	6人

厚生労働省「令和4年度簡易生命表」をもとに作成

スタートは現状把握。お金の現実を直視する

まずプランニングの基礎データづくりです。

テーマは3つ。「貯蓄=今、いくら持っているか」「収入=将来的にいくらの収入が確保できているか」「支出=今、どれくらいのお金がかかっていて将来的にいくら必要か」です。この3つを明らかにして、将来にわたる「キャッシュフロー表」という形で見える化していきます。

収入 いつから、いくら? 給与・年金夫婦あわせて全体を把握

将来にわたってどれくらいの収入が見込めるのか、現時点でわかっているものをまとめます。計画をたてることが目的ですから、給与・退職金など金額が未定のものは少なめに見積もります。転職したことがある人は以前の勤務先の年金記録が国の年金・企業年金に反映されているか調べましょう。配偶者がいる人は配偶者の給与・年金も含めて、家計全体の収入が見えるようにします。

【記入例】
作成日:
2024年12月31日

	西暦	2025	2026	2027	2028	2029	2030	2031	2032	2033	2034	2035
家族	現在	1年後	2	3	4	5	6	7	8	9	10	11
一郎	55歳	56	57	58	59	60	61	62	63	64	65	66
花子	52	53	54	55	56	57	58	59	60	61	62	63
健	23	24	25	26	27	28	29	30	31	32	33	34
由美	20	21	22	23	24	25	26	27	28	29	30	31
ライフイベント			由美就職		一郎定年・再雇用 車ローン完済		健結婚?	由美結婚?			住宅ローン完済 退職してF県に移住	
収入 本人 給料	650万円	650	650	650	650	300	300	300	300	300		
国の年金											180	180
雇用保険						20	20	20	20	20		
会社と基金の年金											160	160
収入 配偶者 給料	120	120	120	120	120	120	120	120	120	120		
国の年金												
臨時収入						1,000						
収入計	770	770	770	770	770	1,440	440	440	440	440	340	340
支出 定期的な支出 日常支出	216	216	216	216	216	216	216	216	216	216	216	216
住居関連	134	134	134	134	134	134	134	134	134	134	80	80
保険料	24	24	24	24	24	24	24	24	24	24	24	10
通信費	30	30	30	30	30	30	30	30	30	30	30	30
車関連費	62	62	62	62	62	14	14	14	14	14	100	50
教育費	110	110	110									
医療費等											10	10
臨時支出	50							200	200		500	
レジャー・予備費											30	30
支出計	626	576	576	466	466	418	418	618	618	418	990	426
年間収支	144	194	194	304	304	1,022	22	−178	−178	22	−650	−86
貯蓄額	800	994	1,188	1,492	1,796	2,818	2,840	2,662	2,484	2,506	1,856	1,770

現在の貯蓄高　800　万円

貯蓄 いま、いくら? 残高とお金のコンディションをチェック

いま、換金(解約等)した場合の金額を記入します。金融機関・金融商品を確認し、リスクの度合いが適正か、必要な届出・手続き等に漏れがないか、印鑑・カード等はきちんと管理できているかといったお金の状態も調べて、一覧にします。こうした情報をまとめておくことで、不測の事態が起きたときのお金の引き出し等もスムーズになります。

支出 いつまで、いくら? 支出の中身を知り、計画的削減の道筋をつける

生活のあらゆる場面に関係するだけに全体把握が難しいのが、支出です。

　年金だけでは暮らせないと不安に思う前に、今どれくらいのお金を何に使っているのかを明らかにしましょう。支出の中身と向かい合うと、今は必要だけれどそのうちなくなるもの、無意識に使っているもの、見直しの余地があるものが意外にたくさんあるものです。逆にこれからのライフイベントのために予定しておかなくてはいけないものもあることでしょう。生活はすぐには変えられません。早目の見直しで時間をかけてセカンドライフ経済に軟着陸する準備をしましょう。

2036	2037	2038	2039	2040	2041	2042	2043	2044	2045	2046	2047	2048
12	13	14	15	16	17	18	19	20	21	22	23	24
67	68	69	70	71	72	73	74	75	76	77	78	79
64	65	66	67	68	69	70	71	72	73	74	75	76
35	36	37	38	39	40	41	42	43	44	45	46	47
32	33	34	35	36	37	38	39	40	41	42	43	44
									免許返上			
180	180	180	180	180	180	180	180	180	180	180	180	180
160	160	160	160	160	160	160	160	40	40	40	40	40
	80	80	80	80	80	80	80	80	80	80	80	80
340	420	420	420	420	420	420	420	300	300	300	300	300
216	216	216	216	216	216	216	216	216	216	216	216	216
80	80	80	80	80	80	80	80	80	80	80	80	80
10	10	10	10	10	10	10	10	10	10	10	10	10
30	30	30	30	30	30	30	30	30	30	30	30	30
50	50	50	50	50	50	50	50	50				
10	10	10	10	20	20	20	20	20	20	20	20	20
30	30	30	30	30	30	30	30	30	30	30	30	30
426	426	426	426	436	436	436	436	436	386	386	386	386
−86	−6	−6	−6	−16	−16	−16	−16	−136	−86	−86	−86	−86
1,684	1,678	1,672	1,666	1,650	1,634	1,618	1,602	1,466	1,380	1,294	1,208	1,122

キャッシュフロー表でお金のこれからを可視化する

　貯蓄・収入・支出を調べたら作業の仕上げにその数字を表に書き込み一覧できるようにしましょう。お金の将来を可視化することで、お金に関してさまざまな気づきが生まれます。

　キャッシュフロー表の目的は経済的な問題について気づきを促し、これからどうしたらいいかを考えることです。

えっ、何これ?　顔が蒼くなるような結果が出るかもしれません。そこからが本当のライフプランづくりのスタートです。

貯蓄
金融資産の一覧表を作成しよう

【書き出す項目】

● **金融機関／支店名／口座番号**

● **キャッシュカードの有無と暗証番号**
（暗証番号は同じ紙に書かず、別に保管します。）

● **印鑑**
（印鑑が複数ある場合は自分だけにわかる記号などでチェックします。）

● **お金の性格　安全性・流動性・収益性**

チェックポイント

☑ 長年、放置している口座はないか？

☑ 統合などで窓口がわからなくなっている口座はないか？

☑ 小口に分散しすぎていないか？

☑ ハイリスクのものが多すぎないか？

☑ 必要なときにスムーズに換金できるか？

お金の性格とは

お金は形によって、性格が変わります。

● **安全性＝元本割れのリスクがないか**

● **流動性（換金性）＝現金化しやすいか**

● **収益性＝利回りがいいか**

キャッシュカードですぐ引き出すことができる預貯金は、安全性・流動性には全く問題がありませんが、収益性＝利息は期待できません。

預貯金でも積立預金や定期預金、手続きを会社に頼まなくてはいけない社内預金、キャッシュカードがなく手続きに行くのが不便な状態になっている口座は、流動性はやや下がりますが、当面、使う予定がないのであれば問題はありません。

投資信託や純金積立といったリスク商品は収益が期待できる一方、リスクを伴います。リスクの高さを3ランクくらいにわけて記入しておきましょう。

【記入例】　　　　　　　　　　　　　　　　単位：万円

	❶金融機関／支店 ❷番号	❸種類	❹カード	❺印鑑	❻安全性	❼流動性	❽収益性	❾残高 2024年1月	2025年1月	年月
預貯金等	MZ銀行／I支店 0123456	普通	○	A	○	○	○	8		
	MZ銀行／I支店 ～～4～	普通	○	A	○	○	○	50		
	MZ銀行/J支店	純金積立	−	A	△	×	△	100		
その他	Pr生命	終身保険	−	B	○	×	○	300		
	合計❿							800		
	前年からの増加分⓫ ＝1年間に貯蓄した金額									
⓬メモ	・終身保険は現在の解約返戻金。払い込みは60歳まで。									

収 入

記録に基づいた年金額にアクセス

　50代に入ると年金の受取見込額は、現実に近い金額になります。加入記録に基づく年金情報にアクセスしましょう。

項　目	調べ方		
給与	・会社の規定を確認	▶ ____歳まで	____円
		____歳まで	____円
退職金	・会社の規定を確認	▶ ____歳時	____円
国の年金	・**ねんきん定期便**を確認 ・**ねんきんネット**にアクセス	▶ ____歳から	____円
		____歳から	____円
勤務中の会社の 企業年金	・会社や企業年金基金の規定を確認	▶ ____歳から	____円
退職した会社の 企業年金	・企業年金連合会や中途脱退した企業年金基金など 　へ確認 ＜企業年金連合会＞ https://www.pfa.or.jp/	▶ ____歳から	____円
確定拠出年金 （iDeCo）	・資産や運用の状況は運営管理機関のHPで確認 ・受取額は運用成果で変わる 　目安額　＝（今までに貯まっているお金＋これから 　　　　　　払う掛金の見込額）÷年金受給期間	▶ ____歳から	____円
生命保険の 個人年金	・保険証券・保険会社からの定期的なお知らせ	▶ ____歳から	____円
その他	・保険の満期金などがあれば、リストアップしておく	▶ ____歳から	____円

1章

ねんきんネットにアクセスしましょう　https://www.nenkin.go.jp/n_net/

必要なもの
PCまたはスマホ／基礎年金番号／メールアドレス
／「ねんきん定期便」があればベター

▲ アクセスキーは「ねんきん定期便」の中面に記載

❶利用するには、登録が必要です。
　「ねんきんネット」でホームページを検索します。右のQRコードでもアクセスできます。

スマートフォン用
QRコード

❷基礎年金番号とアクセスキーがあれば登録申請ページでユーザーIDが発行され、すぐに利用できます。アクセスキーがない場合は、申請すると1週間弱でIDが郵送されます。**アクセスキーの有効期限は「ねんきん定期便」到着後3か月**なので、定期便が届いたら早めにトライしてみましょう。

マイナンバーカードをお持ちの方は、上記のユーザーIDがなくても、マイナポータル（https://myna.go.jp）で連携手続きを行うことで「ねんきんネット」を利用できます。
※初回利用登録が可能な時間帯は平日8時から23時まで

〈注意〉ねんきんネットでは、配偶者加給年金や振替加算についてはわかりません。より詳細に知りたい場合は、年金事務所へおたずねください。

支出
いつまで、いくら？

支出の把握は難しいものです。

何事にもお金がかかる世の中でお金の使い方はその人の生き方そのものといっても過言ではありません。支出を知ることは、自分のことを知り、これからを考えることに他なりません。

支出把握の 3ステップ

1 1年間に給与振り込み口座から出ていった金額を計算する
2 1のうち、使ったお金を計算する
3 2の内訳を調べる

【用意するもの】❶給与振込口座の通帳 　❷貯金、積立に使っている口座の通帳や取引報告書 　❸生活費の支払いに使っている口座の通帳 　❹クレジットカードの明細書

ステップ 1 給与振り込み口座から出ていった金額を計算する

もともと口座にあった金額と年間の入金金額から残った金額を引くことで、給与振込口座から出て行った金額を求めることができます。

a) 1月1日の残高
b) 1月〜年末までの給与・賞与の振込額の合計額
c) 12月31日の残高

1年間に給与振込口座から出て行った金額 A ＝ a）＋b）−c）

ステップ 2 1年間に使ったお金を計算する

ステップ1の金額 A のうち、1年間に貯蓄した金額 B を除いた分が1年間に使った金額です。

1年間に使った金額 C ＝ A − B

※年間の貯蓄金額 B は12ページの＜金融資産の一覧表＞を毎年作成することで把握できます。

太枠内：
給与振込の通帳から作成

■年間支出額のイメージ　▶13ページの記入シートを使って計算してみましょう

a) 1月1日の残高　113,000円	c) 12月31日の残高　50,000円
b) 1月25日　430,000円 2月25日　430,000円 ⋮ 6月10日（ボーナス）　700,000円 6月25日　420,000円 ⋮ 12月10日（ボーナス）　700,000円 12月25日　500,000円 給与・賞与手取　6,500,000円 a）＋b）＝6,613,000円	B 1年間に貯蓄した金額 300,000円 C 年間支出額 ＝ A − B ＝6,263,000円

A 給与振込口座から出て行った金額
＝a）＋b）−c）
＝6,563,000円

ステップ3 支出の内訳を調べる

口座の記録やクレジットカードの明細から、どんなことにいくらくらい使ったかを調べます。主な項目は次の通りです。

① この期間だけの特別な高額の支出

② 住まいに関する支出

　家賃またはローン・固定資産税・水道光熱費

③ 保険料　生命保険料・火災保険料・傷害保険

④ 通信費　ネットやスマホ、固定電話

⑤ 車関連費

　車両ローン、自動車保険、駐車場代、ガソリン代

⑥ 子どもの学費や塾、習い事、定期代、小遣い

⑦ その他　上記以外の支出

> 食費や日用品、衣料品や化粧品、諸雑費、家族の小遣いなど、日常の支出です。
> ひとつひとつの金額が小さく把握しにくいのですが、家計の中で最も大きなウエイトを占め、支出の見直しのポイントとなります。

■支出内訳のイメージ

見直しの効果大

① 銀婚式の記念家族旅行	500,000円
② 住宅ローン	1,000,000円
固定資産税	120,000円
水道光熱費	200,000円
火災保険	20,000円
③ 生命保険料	240,000円
④ 電話・ネット	300,000円
⑤ 車両ローン・駐車場	480,000円
自動車保険・車検	80,000円
ガソリン代	60,000円
⑥ 次男 大学授業料	700,000円
〃　定期代他	400,000円
⑦ 日常的な その他の支出	2,163,000円

②〜⑥ 固定的な支出　／　1年間の支出　／　節約のポイントとなる部分

1章

【支出の内訳の集計方法】

通帳やクレジットカードの明細をみながら、毎月の決まった支払を調べましょう。

金額は千円単位でOKです。

家計の実態にあわせて項目は変更してください。

集計ができたら、14ページのキャッシュフロー表に記入しましょう。

【記入例】

（単位：千円）

区分	①	②			③	④		⑤			⑥	
項目	臨時支出	家賃・ローン・管理費等	光熱費	固定資産税・火災保険料	生命保険料	固定電話	ネット・スマホ	車ローン・駐車場	自動車保険・車検	ガソリン	授業料	塾・定期代等
1月		83	25	30	20	5	20	40		5		125
2月		83	25		20	5	20	40		5		25
3月		83	12		20	5	20	40		5		25
11月		84	14		20	5	20	40		5		25
12月		84	20		20	5	20	40		5		25
小計		1,000	200	140	240	60	240	480	80	60	700	400
合計		1,340			240	300		620			1,100	
②〜⑥の計		3,600千円										

11

■金融資産の一覧表

年末や誕生日などに定期的に更新しましょう。表計算ソフトを活用すると簡単です。

単位：万円

	❶金融機関／支店 ❷番号	❸種類	❹カード	❺印鑑	❻安全性	❼流動性	❽収益性	❾残高 2024年初	❾残高 2025年初	❾残高 年月
預貯金										
株・投資信託等										
その他*										
合計❿								(a)	(b)	(c)
1年間に貯蓄した金額⓫ B									(b)−(a)	(c)−(b)
⓬メモ										

*その他は生命保険や会員権など換金可能なもの

【記入の仕方】
❶金融機関の名称と支店名
❷口座番号やお客様番号など手続きや問い合わせに必要になるもの
❸預貯金なら普通・定期・積立など。株式は銘柄、投資信託等なら日本株・債権など投資対象
❹キャッシュカード等の有無
❺印鑑は、ABCなど自分にわかる記号で記入。安全のためここに押印はNG
❻元本割れリスクとその大きさを○△×で
❼換金のしやすさを○△×で
❽収益性の評価を○△×で
❾作成時点の残高を記入。値動きがあるものは直近の報告書や新聞等で
❿たての金額の合計
⓫1年間の貯蓄の増加額。今年の❿ー前年の❿
⓬気がついたことやしなくてはいけないこと、満期時期などを書いておきましょう

■1年間に使ったお金の計算

給与振込口座をみながら記入しましょう

a）1月1日の残高 _____ 円

b）給与・賞与の入金額 _____ 円

c）12月31日の残高 _____ 円

A 給与振込口座から出ていった金額

a）＋ b）－ c）＝ _____ 円

B 1年間に貯金した額 _____ 円

C 1年間に使ったお金

A － **B** ＝ _____ 円

1月	
2月	
3月	
4月	
5月	
6月	
夏賞与	
7月	
8月	
9月	
10月	
11月	
12月	
冬賞与	
合計	円 b）

■支出の内訳（固定的な支出と臨時支出）

単位：千円

区分	❶	❷		❸	❹		❺			❻	
項目	臨時支出	家賃・ローン・管理費等	光熱費	固定資産税・火災保険料	生命保険料	固定電話	ネット・スマホ	車ローン・駐車場	自動車保険・車検	ガソリン	授業料	塾・定期代等
1月												
2月												
3月												
4月												
5月												
6月												
7月												
8月												
9月												
10月												
11月												
12月												
小計												
項目計												
❷〜❻計											千円	

■日常的なその他の支出

C －支出の内訳の❶－支出の内訳❷〜❻の合計額＝ _____ 円 ❼

キャッシュフロー表を作成しよう

【作成のコツ】 ●計算基準日は、継続しやすい日に。お勧めは源泉徴収票や、運用報告書がそろう年末。
　　　　　　　年末／誕生日や記念日／会社の年度末／GW・夏休みなど作業がしやすい日
　　　　　　●修正しやすいようにエンピツで記入。
　　　　　　●表計算ソフトを使うと定期的な更新や見直し案のシミュレーションがしやすい。

作成日:

西暦									
家　族	現在	1	2	3	4	5	6	7
ライフイベント									
収入	本人	給　料								
		国の年金								
		会社の年金								
	配偶者	給　料								
		国の年金								
		会社の年金								
	臨時収入									
収　入　計									
支出	定期的な支出	日常支出❼								
		住居関連❷								
		保険料❸								
		通信費❹								
		車関連費❺								
		教育費❻								
		医療費等								
	臨時支出									
支　出　計									
年　間　収　支									
貯　蓄　額									

家族・ライフイベント欄
経過年数とそのときの家族の年齢、ライフイベント（卒業・結婚・退職など）

収入欄
9ページで調べた年金額（夫婦の両方を一覧できるように）

臨時収入
退職金、自宅の売却や相続の予定

日常支出
13ページの日常的なその他の支出❼の金額

定期的な支出
13ページの各項目の金額を転記

現在の貯蓄額
12ページの金融資産の一覧表から転記

現在の貯蓄高 [　　　　　] 万円

【チェックポイント】 ☑ 年間の収支がマイナスになっていないか?
☑ 予定しているライフイベント費用が支払えるか?
☑ 90代まで貯蓄残高のプラスを維持できるか?
☑ 介護や医療の費用などリスク対応資金が確保できているか?

	8	9	10	11	12	13	14	15	16	17	18	19	20

ライフプランをたてるとは?

ライフプランとマネープラン ／ 「貯める」プランから「使う」プランへ

　ライフプランという言葉はよくマネープランと同義で使われます。何をするにもお金が必要な世の中、生き方はお金の使い方に反映されるという意味でこれは間違いではありません。ただ、お金はあくまでも何かをするための手段。前提に「何のために」という目的があります。

　ライフプランを立てるとは、その目的をスケジュール化し、実現するために経済的な面も含めて道筋をつけることに他なりません。マネーの向こうにはライフ＝人生・生活があります。

　今までは老後に備えて「貯める」マネープランでした。これからはそのお金で何をするか、上手に安心して「使う」マネープランです。

目標を持とう ／ 「いつか」を「いつ」に

　プランニングのスタートは、こうありたいという姿を思い描くこと。5年後・10年後・20年後さらにその先、どういう風景の中で何をして過ごしているのか。どこで?誰と?

　ぼ〜っとしていると時間はどんどん過ぎていきます。人生100年と考えればまだ40年ありますが、どうしたって年を重ねればできないことは増えていきます。

　大切なことは後回しにせず、「いつか」やろうを、「いつ」やるのか決めましょう。

作戦を練ろう ／ 「世の中のしくみ」を理解する

　目標が決まったら、それを実現するための作戦をたてます。

　定年は60歳だけれど、法律もできたことだし70歳までは今の会社で働けるだろう。そんなイメージを抱いていたものの、フタをあけると意外なハードルが。定年を過ぎるといろいろなことの選択を迫られますが、その中には労働関連の法律、税金や年金、健康保険といった「世の中のしくみ」に関する理解が欠かせないものが多々あります。その場しのぎの選択をすると何年もたってから後悔することになるかもしれません。

　健康にめぐまれれば40年に及ぶ定年後の時間。世の中のしくみと動向を踏まえて、目前に迫ったことだけでなく、5年後、10年後、20年後、もっと先まで見据えた作戦をたてましょう。

備えを忘れずに ／ 「想定外」を想定する

　もうひとつ忘れてならないのはリスクの存在です。私たちはめまぐるしく移り変わる社会の中で大勢の人と関わりながら生きています。リスクを「自分の思い通りに物事が進められなくなること」と捉えるなら、リスクに囲まれて生きているといっても過言ではありません。

　災難に遭遇した人が必ず口にする「まさか」。でも、もしかしたら何か避ける術があったのかもしれません。

　平穏なときの少しの気づきがリスクの予防と対処に役立ちます。日頃から意識して自分なりにできることをしておくこと、想定外のことに臨機応変に対応できる心のしなやかさを身につけておくことが大切ではないでしょうか。

第2章

ライフプランづくりの 必須知識

※年金に関する解説は、主に昭和36年（女性は41年）4月2日以降生まれの人を対象に構成しております。

※各種年金額等は、新規裁定者（67歳以下）と既裁定者（68歳以上）で異なることがありますが、本誌では便宜上、新規裁定者の金額で掲載しています。

\\ これだけははずせない //

働き方と
年金・雇用保険・健康保険・税金

70歳現役社会、選択肢が増えた分、より複雑に

定年がリタイアとイコールではなくなって久しいものの、多くの場合、定年をまたいで勤務条件は変わります。給与が減る一方、退職金・年金・雇用保険の給付など新たな収入が得られるようになりますが、もらえる条件や金額は働き方等によって変わり、それが税金や保険料、医療費の自己負担といった

ところに影響します。

相互に絡み合った選択肢をときほぐして自分にあったプランをつくるためには本腰を入れた検討が不可欠です。特に大きな4つのテーマのポイントをあげてみました。

60歳から受給可。でも、あえて75歳まで待つ作戦も

年金

年金の支給開始年齢は65歳ですが、60歳から繰上げてもらうことができますし、最長で75歳まで待って増額した年金で長寿に備えることもできます。年金は基礎となる国民年金部分と報酬比例の厚生年金にわかれていて、どちらをいつからもらうかは選択次第です。働きながら年金をもらう場合は、年金がカットされないかというところも気になるところです。税金についても考えなくてはいけません。

数ある制度のなかでも難易度ナンバーワンですが、セカンドライフの収入の基礎となるところですからしっかり考えましょう。

給与・年金とのかねあいがポイント

雇用保険

退職したときは失業給付、仕事を続けるときは雇用継続給付がありますが、年金と失業給付の両方はもらえず、雇用継続給付も年金との調整があります。「もらう」ということにこだわると、再就職の機会を逸したり、勤務条件が悪くなり結局損をするリスクもあります。また雇用継続給付は昭和40年4月2日以後生まれの人から給付水準が引き下げられます。もらえるかどうかではなく、給与や年金と合わせていくらもらえるかを計算した上で働き方を考えましょう。

高齢世帯の大きな負担。確定申告は医療費負担にも影響

健康保険

生活に不可欠な健康・介護保険ですが、高齢化を反映して保険料はあがる一方。退職後の家計の大きな負担のひとつとなっています。75歳前、加入可能な制度が複数ある場合は、どの健康保険に入るのがいいのか比較検討を。国民健康保険の保険料や医療費の自己負担割合は、所得により決まります。確定申告とのつながりも理解が必要なところです。

退職金・年金・給与。税金のしくみを理解して賢いもらい方を

税金

　セカンドライフは収入源が複数になります。いろいろな種類の所得がある場合の税金の計算のしくみを理解しましょう。申告が必須のものもあれば、配当金や株など申告してもしなくてもいいものもあります。公的年金400万円以下、他の所得20万円以下の申告不要制度もありますが、あえて申告した方が有利となるケースも少なくありません。初めての申告は難しくても翌年からは特別な変化がなければ、ほとんどの場合、それを見て同じように申告すればこと足ります。最初の確定申告書をしっかり作ることが大切です。

　退職金の受取方法や受取時期に選択肢があるときはパターン別のシミュレーションをして、税金だけでなく保険料への跳ね返りも含めて検討するようにしましょう。

2章

基礎知識　働き方と年金・雇用保険・健康保険

働き方で異なる加入パターン

　保険加入は希望の有無ではなく所定労働時間や労働日数といった働き方によって

●**保険には加入しない。**

●**雇用保険のみに加入する。**

●**雇用保険・健康保険・厚生年金保険の全てに加入する。**

という3つのパターンにわかれます。

　雇用保険の高年齢雇用継続給付は、60代前半の雇用保険の被保険者のための給付なので、雇用保険に加入しないと給付対象になりません。給付される場合、給与とあわせて370,452円（令和5年8月現在、毎年8月1日改定）が上限で、年金が受けられる場合の調整もあります。

　厚生年金の被保険者が年金をもらう場合、在職老齢年金というしくみにより給与と年金の合計額が50万円を超える場合に年金の全部または一部がカット（支給停止）されます。厚生年金に入らなければ年金カットの心配は全くないわけですが、そもそも60代前半は年金自体が支給されませんから関係ないことですし、65歳以後も年金カットの対象となるのは報酬比例の厚生年金だけで、基礎年金は給与の金額にかかわらず全額もらうことができます。加給年金も厚生年金が全額支給停止されない限りもらえます。また、令和4年度からあらたに65歳以後も厚生年金に加入している場合、その加入期間を反映して毎年年金額が改定される制度が始まりました。

　単にもらえる・もらえないだけでなく、こうした要素を総合的に考えた上でライフプランとしてどのような選択がいいかを検討しましょう。

■**60代前半の働き方と年金・雇用保険（100人以下の企業の例）**

所定労働時間	20時間未満	20時間以上 30時間(注1)未満	30時間以上
厚生年金	加入しない	加入しない	加入する
在職老齢年金	調整なし	調整なし	調整あり(注2)
雇用保険	加入しない	加入する	加入する
高年齢雇用継続給付	給付なし	給付あり(注3)	給付あり(注3)

注1：正社員の所定労働時間の4分の3。表は正社員の所定労働時間が40時間の場合。常時101人以上（令和6年10月からは51人以上）の企業の場合は加入
注2：総報酬月額相当額＋年金月額が50万円以下の場合はなし（詳細は29ページ）
注3：賃金が60歳到達時の75％未満等一定の条件を満たす場合（詳細は34ページ）

あなたの進路は？
定年後のコース別　重点チェック項目

定年後の進路は決まりましたか？

まだ50代。多くの人は年金がいくらもらえるのか、生活費がどれくらいかかるのか、もやもやしていることがいろいろあって決めかねているのではないでしょうか。

「もし○○がこうだったら、こうするけれど」という

○○に入るものが年金・税金・健康保険など生活設計に直結するお金に関わることだとしたら、理解しないことには先に進めません。まずどのようにしたいか、気持ちを整理し、ポイントを絞って皆さんにとって必要なところを、重点的に勉強しましょう。

コース 1 　会社員を続ける

子どもはまだ大学生。老後のための貯蓄どころではありません。
できるだけ長く、できるだけ今と同じ条件で働きたいです。

独身です。収入だけではなく、生活のリズムを保つためにもパートでも構いませんから長く働きたいと思っています。

今や65歳まで働くのは当たり前。リタイア年齢は雇用確保措置の上限年齢が70歳に引き上げられたのを受けて、さらに伸びていくものと推測されます。

シニアの雇用条件は現役時代とは違いますが、年金という新たな収入源ができます。

同じ会社で引き続き働くのか転職するのか、現役時代と同じようにフルに働きたいのか、年金をもらいつつのんびりやっていきたいのか、何歳くらいまで働きたいのかという観点から希望を整理すると考えやすくなります。

重点チェック項目

現役並みの働き方を希望	在職老齢年金▶29ページ 年金の繰り下げ▶30ページ
ペースダウンした働き方を希望	働くときの雇用保険▶34ページ
転職する	退職したときの雇用保険▶32ページ 年金の繰り上げ▶28ページ

共通事項

コースに関わらず保険と税金は重要課題です。健康保険はどの制度を選ぶか、税金は確定申告と健康保険料の関係を理解し、賢い申告につなげてください。退職金が複数ある人、退職金の受取り方に選択肢がある人は、何をいつどのようにもらうのかというのも重要です。加えて、単身の人に意識しておいていただきたいことを挙げておきました。

健康保険制度
▶36ページ

コース 2　雇われない働き方に挑戦

建設会社での経験を活かしてコンサルタントとして独立したいと思っています。
かつての取引先が声をかけてくれていて、ある程度の売上は確保できるかと。ただ事務的なことは全くしたことがなくて、そこが不安です。

独立・自営の雇われない働き方にチャレンジするという選択です。事業が軌道にのれば経済的・精神的に充実したセカンドライフになるでしょうが、常にリスクが伴います。何もかも自己責任ですから、資金計画はシビアに。年金などもらえるものはしっかりもらい、税金や保険料など出るものはできるだけ抑えられるように。すべて自分事として考え、足下を固めましょう。

重点チェック項目

| 年金の繰り上げ ▶28ページ | 独立・自営の基礎知識 ▶48ページ |

コース 3　リタイアして悠々自適

もうすぐ憧れの定年です。十分働きました。
これからは自由な時間を楽しみたいと思います。
意識して貯蓄はしてきましたけれど先が長いので生活設計をきちんと立てないと。家事も何もしないというわけにはいかないのでしょうね。

完全リタイアを実現できるかは経済準備にかかっています。年金・貯蓄をしっかり把握しておくとともに、今から支出をセーブして家計を引き締めておきましょう。年金の支給開始までをどう乗り切るか、長生きリスクにどう備えるかも大切です。計算してあまり余裕がないようであれば、リタイアを少し先にのばすというのも選択肢なのではないでしょうか。

重点チェック項目

| 退職したときの雇用保険 ▶32ページ | 年金の繰り上げ ▶28ページ |
| 家計の見直し ▶第3章（53ページ～） | |

| 収入と
保険料・医療費
▶38ページ | 所得税と
住民税
▶40ページ | 年金と
確定申告
▶42ページ | 退職金と税金
▶45ページ | 退職金は年金、
それとも
一時金？
▶46ページ | おひとりさまの
心得帖
▶50ページ |

2章

年金は
いつから・どれだけ受けられる？

私たちの加入している年金制度

国の年金（公的年金）には、国民年金と厚生年金保険があります。国民年金は全国民に共通する年金で、受けられる年金は基礎年金といいます。厚生年金保険は民間企業で働く人や公務員などが加入する年金で、厚生年金保険に加入すると自動的に国民年金にも加入します。

企業年金は、公的年金の上乗せとして、老後の保障をさらに手厚くするための年金です。ただし、民間の私的な年金制度のため、加入できるのは企業年金がある会社に勤めている人だけです。ご自身がどのような制度に加入しているか、確認しておくといいでしょう。

企業年金	3階	企業年金基金	確定拠出年金	など
公的年金	2階	厚生年金保険（厚生年金）	
	1階	国民年金（基礎年金）	

※共済年金は平成27年10月に厚生年金保険との統合により一元化されています。

会社員は2つの公的年金に加入

国民年金は、日本に住む20歳以上60歳未満のすべての人が加入することになっています。国民年金に加入する人は職業等で次のように区分され、保険料の納め方が異なります。

■ 被保険者の種類と受けられる公的年金

国民年金・第1号被保険者

20〜59歳までの自営業者・学生等

保険料は各自で納めます。
保険料は定額（令和6年度は1カ月16,980円）です。[免除制度もあります]

↓

国民年金からの基礎年金

国民年金・第2号被保険者

厚生年金保険の加入者

給与・賞与から保険料を控除して会社等が納付します。給与（標準報酬月額）、賞与（標準賞与額）の一定割合を事業主と折半負担します。

↓

厚生年金保険からの厚生年金
国民年金からの基礎年金

国民年金・第3号被保険者

第2号被保険者の配偶者（被扶養配偶者）

保険料負担はありません。
配偶者の加入している制度が「第3号被保険者」の保険料を負担します。

↓

国民年金からの基礎年金

■ 年金が受けられる事由

老齢になったとき	障害状態となったとき	死亡したとき
老齢厚生年金	障害厚生年金	遺族厚生年金
老齢基礎年金	障害基礎年金	遺族基礎年金

年金の記録を管理する基礎年金番号

公的年金制度の加入記録を管理する共通の番号として、平成9年に基礎年金番号が導入されました。それ以降、国民年金の被保険者資格を取得した人には青い表紙の年金手帳を配布して基礎年金番号を通知していました。令和4年4月以降は年金手帳の配布が廃止となり、初めて年金制度に加入する方等には代わりに「基礎年金番号通知書」が発行されています。なお、基礎年金番号はマイナンバーと紐付けされているため、年金の手続き等はどちらの番号でも行うことができます。

年金の受給資格

老齢基礎年金を受けるには、国に保険料を納めて受給資格期間を満たす必要があります。「保険料納付済期間」「保険料免除期間」「保険料納付猶予期間」などの合計が10年以上あれば受給資格期間を満たしたとみなされます。これに加えて厚生年金の被保険者期間が1ヵ月以上ある方は老齢厚生年金が受けられます。

老齢基礎年金は受給資格期間40年で満額を受給できますが、保険料を納付していなかったなどで受給資格期間を満たせない場合は、60歳以降も国民年金に加入して保険料を納付できる特例が設けられています。

年金はいつから受けられる？

公的年金は、原則65歳から支給が開始されます。ただし、支給開始年齢引き上げの経過措置期間中のため、男性は昭和36年4月1日以前、女性は昭和41年4月1日以前に生まれた人は60代前半に特別支給の老齢厚生年金が支給されています。特別支給の老齢厚生年金には報酬比例部分と定額部分があり、生年月日と性別によって支給される部分が異なります。

■昭和36年（女性は41年）4月2日以後に生まれた人

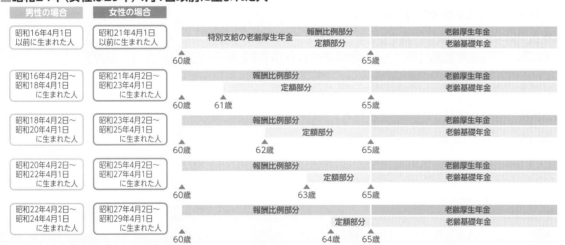

■昭和24年（女性は29年）4月1日以前に生まれた人

■昭和36年（女性は41年）4月1日以前に生まれた人

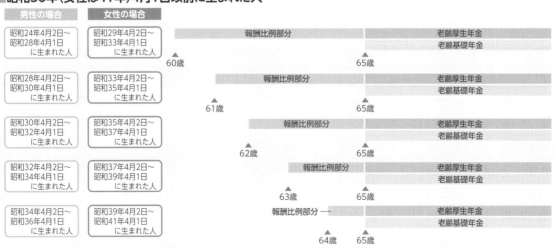

老齢年金はいくら受けられる？

　老齢基礎年金は、加入期間によって年金額が決まります。対して老齢厚生年金は、加入期間中の給与（標準報酬月額）と賞与（標準賞与額）の平均をもとに年金額が計算されます。ただし、過去の標準報酬をそのまま計算に使用すると現在とは価値が大きく異なってしまうため、現在の賃金水準に再評価した額で計算されます。

老齢基礎年金の計算方法

$$年金額 = 816,000円 \times \frac{保険料を納めた月数}{480月}$$

老齢厚生年金の計算方法

年金額 = 平成15年3月以前の加入期間分の年金額 + 平成15年4月以降の加入期間分の年金額

計算式
$$平均標準報酬月額（給与の平均） \times \frac{7.125}{1000} \times 加入月数$$

計算式
$$平均標準報酬額（給与・賞与の平均） \times \frac{5.481}{1000} \times 加入月数$$

モデル例　昭和43年4月10日生まれの男性

ⓐ 平成15年3月までの厚生年金保険加入期間15年（180月）
　　その間の平均標準報酬月額36万円

ⓑ 平成15年4月から60歳に到達する令和5年3月分までの厚生年金保険加入期間25年（300月）
　　その間の平均標準報酬月額36万円、年間標準賞与額129.6万円（夏59.6万円・冬70万円）

ⓐ 期間の年金　$36万円 \times \dfrac{7.125}{1000} \times 180月 = 461,700円$

ⓑ 期間の年金　$\dfrac{(36万円 \times 12ヵ月 \times 25年 + 129.6万円 \times 25年)}{300月} \times \dfrac{5.481}{1000} \times 300月 = 769,532円$

ⓐ + ⓑ = 1,231,232円（月額102,603円）

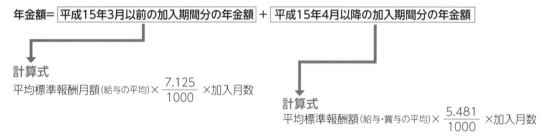

ⓐ 期間の年金 15年（180月）　　ⓑ 期間の年金 25年（300月）

ⓐ 461,700円　　ⓑ 769,532円

H15.4（総報酬制導入）

参考　平成15年4月以後の厚生年金加入期間に対応する老齢厚生年金額

■平成15年4月以後の老齢厚生年金額の目安（勤続1年の円未満を四捨五入した額を基礎とした概算）

	勤続1年の年金額	勤続5年の年金額	勤続10年の年金額	勤続15年の年金額
標準報酬月額　　20万円	13,154円	65,770円	131,540円	197,310円
標準賞与 *年間72万円	3,946円	19,730円	39,460円	59,190円
標準報酬月額　　30万円	19,732円	98,660円	197,320円	295,980円
標準賞与 *年間108万円	5,919円	29,595円	59,190円	88,785円
標準報酬月額　**65万円	42,752円	213,760円	427,520円	641,280円
標準賞与年間　**300万円	16,443円	82,215円	164,430円	246,645円

＊標準賞与の72万円、108万円はそれぞれの年間の給与額を「1」とした場合の「0.3」に該当します。

＊＊標準報酬月額の65万円、標準賞与の300万円（年間2回のとき）は上限額（最高額）の報酬のケースでこれ以上の年金額はありません。

配偶者や子がいると年金額が加算

加給年金額

　厚生年金保険に20年以上加入した人が65歳に到達して老齢厚生年金を受けるとき、65歳未満の配偶者がいる場合に加給年金額と配偶者特別加算額が支給されます。同様に18歳未満の子などがいる場合にも加給年金額は支給されます。

　なお65歳以降に加入期間が20年に到達したときは、退職などにより被保険者資格を失った時点から加算年金額が支給されます。

支給条件　次のいずれかと生計維持関係にあるとき
配偶者　65歳未満かつ年収850万円未満
子　　　18歳到達年度の末日までの子
20歳未満で1・2級の障害状態にある子
※配偶者自身が障害年金や加入期間20年以上の老齢厚生年金を受ける権利があるときは、加給年金額は支給されません。

■加給年金額　　　　　　　　　　　　　　（令和6年度）

対　象	年　額
配偶者	234,800円 （+配偶者特別加算額 173,300円）
1人目、2人目の子	各234,800円
3人目以降の子	各78,300円

振替加算

　加給年金額は、配偶者が65歳になり老齢基礎年金が支給されるようになると打ち切られます。それに代わり、配偶者が昭和41年4月1日以前生まれの場合は、配偶者の老齢基礎年金に振替加算が上乗せされるようになります。ただし、配偶者が加入期間20年以上の老齢厚生年金を受ける権利がある場合は、振替加算はありません。

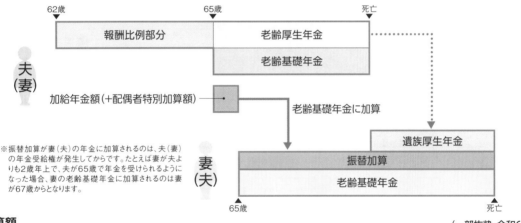

　※振替加算が妻（夫）の年金に加算されるのは、夫（妻）の年金受給権が発生してからです。たとえば妻が夫よりも2歳年上で、夫が65歳で年金を受けられるようになった場合、妻の老齢基礎年金に加算されるのは妻が67歳からとなります。

■振替加算額　　　　　　　　　　　　　　　　　　　　　　　　　　　　（一部抜粋・令和6年度）

生年月日	年　額	生年月日	年　額	生年月日	年　額
昭29.4.2～昭30.4.1	59,227円	昭32.4.2～昭33.4.1	40,620円	昭35.4.2～昭36.4.1	21,836円
昭30.4.2～昭31.4.1	53,141円	昭33.4.2～昭34.4.1	34,516円	昭36.4.2～昭41.4.1	15,732円
昭31.4.2～昭32.4.1	46,960円	昭34.4.2～昭35.4.1	28,176円		

もしものときの年金

　公的年金は、高齢者の生活保障という役割のほか、いざというときのセーフティネットの役割も果たしています。病気やけがで障害が残り、初診日から1年6ヵ月たっても回復しないときは障害の程度により障害年金や障害手当金（一時金）が支給されます。

　また、年金制度へ加入中または年金受給中に亡くなった場合は、遺族年金が支給されます（78ページ参照）。

■障害等級と支給される障害年金　　　（令和6年度）

1級	障害厚生年金*1＋障害基礎年金*2（1,020,000円）
2級	障害厚生年金　＋障害基礎年金　（816,000円）
3級	障害厚生年金

*1 年金額は、被保険者期間と報酬により計算されます。1・2級で65歳未満の配偶者がいる場合は加給年金額234,800円が加算されます。

*2 18歳到達年度末までの子などがいる場合は加算があります。
　1人目、2人目：各234,800円　3人目以降：各78,300円

まとめ　夫婦で受ける年金モデル

　将来受けられる年金額はある程度の条件をもとに概算することができます。下に示した例は一般的な夫婦の年金額の例です。

モデル例

昭和38年4月10日生まれの夫●20〜60歳まで会社勤務（標準報酬月額36万円、標準賞与額129.6万円／年）
昭和40年4月10日生まれの妻●国民年金40年加入（内10年厚生年金加入、平均標準報酬月額20万円／平成15年3月以前）。夫が83歳で死亡とするケース

■夫婦それぞれが受けられる年金月額

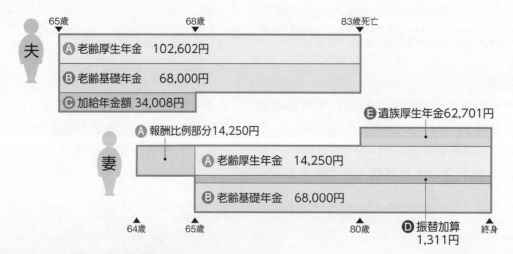

■夫婦が期間ごとに受ける年金月額合計

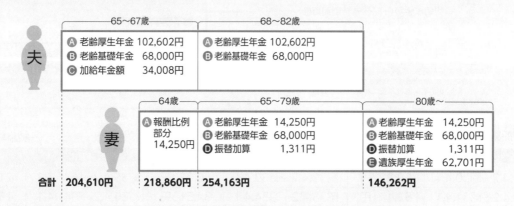

| 合計 | 204,610円 | 218,860円 | 254,163円 | 146,262円 |

■年金月額計算式（上の図の「年金月額」は、次の各年金額の1/12の額です）

Ⓐ [報酬比例部分]
[老齢厚生年金] ┈┈> （平成15年3月までの加入期間分）平均標準報酬月額×0.007125×被保険者月数 ＋ （平成15年4月からの加入期間分）平均標準報酬額×0.005481×被保険者月数

Ⓑ [老齢基礎年金] ┈┈> $816,000円 \times \dfrac{保険料を納めた月数}{480ヵ月}$

Ⓒ [加給年金額] ┈┈> 408,100円（加給年金額234,800円＋配偶者特別加算額173,300円）

Ⓓ [振替加算] ┈┈> 配偶者の生年月日による（25ページ参照）

Ⓔ [遺族厚生年金] ┈┈> 死亡者が受けていた老齢厚生年金の $\dfrac{3}{4}$ 相当額から、配偶者本人の老齢厚生年金を控除した額
（78ページ参照）

年金を受ける手続き

老齢年金の請求から受給まで

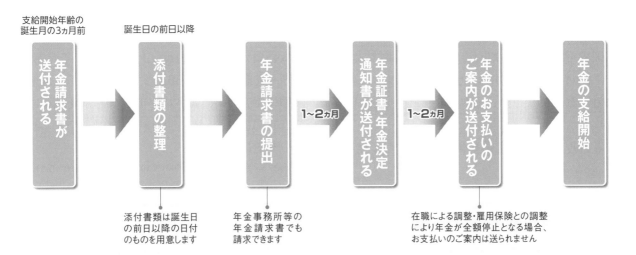

支給開始年齢の誕生月の3ヵ月前
年金請求書が送付される
→ 添付書類の整理
誕生日の前日以降

添付書類は誕生日の前日以降の日付のものを用意します

→ 年金請求書の提出

年金事務所等の年金請求書でも請求できます

→ **1～2ヵ月** → 年金証書・年金決定通知書が送付される

→ **1～2ヵ月** → 年金のお支払いのご案内が送付される

在職による調整・雇用保険との調整により年金が全額停止となる場合、お支払いのご案内は送られません

→ 年金の支給開始

受給資格期間や年齢などの条件が揃えば年金を受ける権利（受給権）が発生しますが、それだけでは年金は受けられません。自分で年金請求の手続きを行う必要があります。老齢年金の場合、支給開始年齢に到達する3ヵ月前に日本年金機構から「年金請求書」が送付されます。支給開始年齢になりましたら添付書類とともに年金事務所等に提出してください。

主な添付書類

受取先金融機関の通帳等（本人名義。写し可。年金請求書に金融機関の証明を受けた場合は不要）／雇用保険被保険者証／年金証書（配偶者も含め他の公的年金から年金を受けているとき）／戸籍謄本（配偶者や18歳未満の子がいる場合）

※事例によって必要書類は異なりますので、事前に年金事務所の窓口等でご確認ください。

60代前半に特別支給の老齢厚生年金を受給された方は、65歳の誕生月になるとハガキ形式の年金請求書が送付されます。こちらも返送しなければ65歳以降の老齢厚生年金や老齢基礎年金の支給が一時保留されますのでご注意ください。

なお、老齢厚生年金と老齢基礎年金を繰り下げ（30ページ参照）する場合は返送せず、受給希望の年齢に達したら年金事務所等で手続きします。

基金にも請求が必要です

● 企業年金基金などの企業年金に加入していて給付を受けられる方は、基金にも年金の請求を行う必要があります。60歳になったとき（基金によっては退職時）に、年金（裁定）請求書に必要事項を記入のうえ基金まで提出してください。

● 過去に会社を中途退職されたなどで企業年金の年金が企業年金連合会に引き継がれている場合は、企業年金連合会にも請求を行います。詳しくは連合会までお問い合わせください。

企業年金連合会	企業年金コールセンター	☎ 0570-02-2666　IP電話・PHSからは 03-5777-2666
	ホームページ	https://www.pfa.or.jp/

60代前半から年金を受けることもできます

年金を繰り上げて受給する

国の老齢年金は原則65歳から支給開始となりますが、本人が希望すれば60〜64歳に前倒しして受給することもできます。これを繰り上げ受給といいます。

老齢厚生年金と老齢基礎年金は同時に繰り上げる必要があり、1ヵ月繰り上げるごとに年金額が0.4%*減額されます。60歳まで繰り上げると24%の減額になり、この減額された年金を生涯受け続けることになります。なお、一度繰り上げ受給をすると撤回や変更はできません。

*昭和37年4月以降生まれの人の率。昭和37年3月以前生まれは0.5%

モデル例 昭和36年4月2日以降生まれの男性

◎老齢基礎年金と老齢厚生年金を60歳に繰り上げる場合の年金額

※端数処理等をしない概算です。

老齢基礎年金（60ヵ月繰り上げ）
●年額　620,160円
老齢基礎年金年額 816,000円 −（816,000円×0.4%×60ヵ月）

老齢厚生年金（60ヵ月繰り上げ）
●年額　861,685円
老齢厚生年金年額（厚生労働省モデル年金）1,133,796円 −（1,133,796円×0.4%×60ヵ月）

| 老齢厚生年金 | 年額　861,685円 |
| 老齢基礎年金 | 年額　620,160円 |

▲60歳　　　　▲65歳

繰り上げした場合の注意

● 繰り上げは取り消しできず、生涯減額された年金を受けることになります。
● 国民年金の任意加入や保険料の追納はできません。
● 障害基礎年金を受けられなくなります。
● 寡婦年金が受けられなくなります。すでに受けている場合は停止されます。
● 遺族厚生年金を受けている場合、65歳までは遺族厚生年金か繰上げ受給のどちらか一方を選択しなければなりません。65歳からはどちらも受けられます。

公的年金シミュレーター

厚生労働省は、パソコンやスマートフォンで将来の年金見込額を簡易的にグラフ表示できるツール「公的年金シミュレーター」を公開しています。受給開始時期等をスライドバーで操作するとグラフが連動して変化するので、年金額の変化が見える化できます。

ただし、このシミュレーターは簡易的な試算のため、

個人の過去の加入記録に基づいた、より詳細な年金の見込額の試算をしたい場合は、ねんきんネット（9ページ参照）をご利用ください。

公的年金シミュレーター
https://nenkin-shisan.mhlw.go.jp/

働きながら年金を受ける

年金を受けながら働くとき

厚生年金に加入していると年金額の調整が

　60歳以上の方が年金を受けながら会社で働いて厚生年金に加入するとき、総報酬月額相当額*と老齢厚生年金の月額が合計50万円を超えると、超えた額の半分の老齢厚生年金額が支給停止され

ます。このしくみを在職老齢年金といいます。なお、老齢基礎年金には支給調整はありません。

*その月の給与＋その月以前の1年間に受けた賞与の月割額。交通費や諸手当を含む。

■在職老齢年金の仕組み

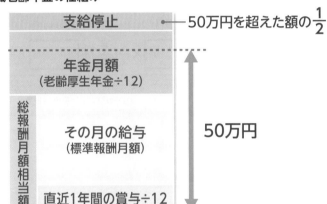

■在職老齢年金支給額早見表

単位：万円

年金月額	総報酬月額相当額							
	15	20	25	30	35	40	45	50
4	4.0	4.0	4.0	4.0	4.0	4.0	4.0	2.0
6	6.0	6.0	6.0	6.0	6.0	6.0	5.5	3.0
8	8.0	8.0	8.0	8.0	8.0	8.0	6.5	4.0
10	10.0	10.0	10.0	10.0	10.0	10.0	7.5	5.0
12	12.0	12.0	12.0	12.0	12.0	11.0	8.5	6.0
14	14.0	14.0	14.0	14.0	14.0	12.0	9.5	7.0
16	16.0	16.0	16.0	16.0	15.5	13.0	10.5	8.0
18	18.0	18.0	18.0	18.0	16.5	14.0	11.5	9.0
20	20.0	20.0	20.0	20.0	17.5	15.0	12.5	10.0

加給年金額はどうなる？

年金が全額停止になると加給年金額も全額停止されます。全額停止にならない場合は加給年金額は全額受けられます。

70歳以上も働く場合は…

厚生年金の加入は70歳未満までですが、厚生年金加入の条件と同程度で働く場合は、60歳以上の場合と同じ基準で年金額が調整されます。

●早見表の見方●
縦の年金月額と、横の総報酬月額相当額が交差する数字が、在職老齢年金の調整後に支給される年金となります。□の部分は基準額を超えないので、年金は全額支給されます。

年金額の調整を受けない働き方

　給与等と年金月額の合計が50万円以下で働くならば支給調整はありません。また、自営業、アルバイトや嘱託など厚生年金に加入しないで働くときは、年金を受けながら働いても年金額は調整されず全

額を受けられます。ただし、パートや嘱託でも勤務時間と勤務日数が社員のおよそ4分の3以上あるなど、働き方によっては厚生年金に加入しなければならない場合があるため注意が必要です。

年金の受給開始後も納めた保険料は年金額に反映されます

　厚生年金加入によって納めた保険料は年金額改定時に加味され、その後の年金額に反映されます。年金額が改定されるタイミングは①退職して1ヵ月後、

②65歳に到達、③65歳以降に被保険者の場合は毎年の10月（在職定時改定）、④70歳に到達したときです。

◎在職定時改定で増額される老齢厚生年金額

例）平均標準報酬月額20万円で1年間働いたとき

20万円×0.005481×12ヵ月＝年額13,154円（月額1,096円）の増額
※再評価等を考慮に入れない概算

どう受ける？ 65歳からの年金

国の年金は、原則65歳から支給開始

皆さんが65歳になると、国から老齢基礎年金と老齢厚生年金の支給が始まります。これらの年金は原則終身受けることができます。さらに、65歳未満の配偶者がいる場合は加給年金額も支給されます（25ページ参照）。

60代前半に報酬比例部分を受けていた方は65歳以降は老齢厚生年金に切り替わります。その際に60代前半に厚生年金に加入していた期間分が反映され、年金が増額されます。

◆老齢基礎年金

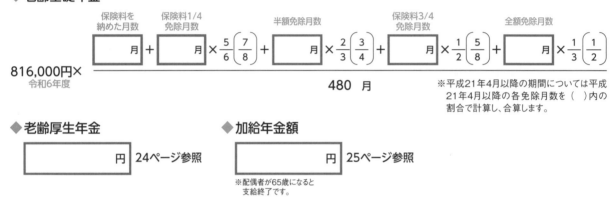

816,000円×
令和6年度

$$816{,}000円 \times \frac{□月 + □月 \times \frac{5}{6}\left(\frac{7}{8}\right) + □月 \times \frac{2}{3}\left(\frac{3}{4}\right) + □月 \times \frac{1}{2}\left(\frac{5}{8}\right) + □月 \times \frac{1}{3}\left(\frac{1}{2}\right)}{480 月}$$

保険料を納めた月数／保険料1/4免除月数／半額免除月数／保険料3/4免除月数／全額免除月数

※平成21年4月以降の期間については平成21年4月以降の各免除月数を（ ）内の割合で計算し、合算します。

◆老齢厚生年金

円

24ページ参照

◆加給年金額

円

25ページ参照

※配偶者が65歳になると支給終了です。

年金を繰り下げて増額する

65歳から支給される老齢厚生年金と老齢基礎年金は、66歳以降の希望する時期まで繰り下げて受給することができます。老齢厚生年金と老齢基礎年金は別々に繰り下げが可能で、それぞれ1ヵ月繰り下げるごとに年金額は0.7％増額されます。最大84％（10年繰り下げ）まで増額でき、増額された年金を終身受け続けることになります。

なお、繰り下げする場合も在職老齢年金（29ページ参照）は適用されます。繰り下げができるのは、支給停止額以外の額のみとなります。

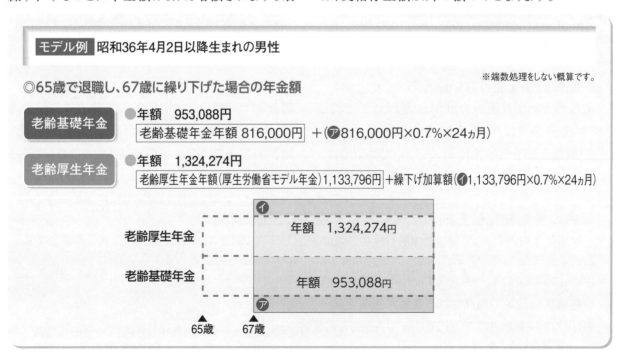

モデル例 昭和36年4月2日以降生まれの男性

※端数処理をしない概算です。

◎65歳で退職し、67歳に繰り下げた場合の年金額

老齢基礎年金
●年額　953,088円
老齢基礎年金年額 816,000円 ＋（ア816,000円×0.7％×24ヵ月）

老齢厚生年金
●年額　1,324,274円
老齢厚生年金年額（厚生労働省モデル年金）1,133,796円 ＋繰下げ加算額（イ1,133,796円×0.7％×24ヵ月）

老齢厚生年金　　イ　年額　1,324,274円
老齢基礎年金　　年額　953,088円

▲65歳　▲67歳（ア）

増額ではなく一括で受けることも

　繰り下げた年金は、希望するときに請求することで、増額された年金の支給が開始されます。それまでにライフプランの変化などがあり、まとまった金額が必要になった場合は、過去に遡って請求すると、本来65歳から請求時までに受けられていた増額なしの年金が一括で支給されます。なお、年金を一括で受けると過去に遡って健康保険料や税金に影響する場合があります。

　どちらを選ぶにせよ、あとから変更はできません。受給方法はよく検討のうえ請求してください。

繰り下げした場合の注意

- 65歳から66歳に達した日までに他の年金（遺族年金等）の受給権者だった場合、繰り下げはできません。
- 66歳に達した日以降は、他の年金（遺族年金等）の受給権が発生した時点で増額率が固定されます。
- 老齢基礎年金に加算される振替加算額や老齢厚生年金に加算される加給年金額は繰り下げしても増額されません。
- 受給権は申し出のあった日に発生し、その翌月から年金を受けることになります。
- 年金請求の時効である5年以内であれば、75歳を過ぎて繰り下げ請求をした場合でも75歳から請求したものとして取り扱われます。
- 70歳以降に請求をして繰り下げ受給を選択しない場合、請求手続きの5年前に繰り下げの請求があったものとして増額された年金が一括で支給されます。

■66歳以降に繰り下げた場合の累計受給率（65歳支給の1年間を100とした場合）

　年金受給率を累計でみると、繰り下げ受給を選択した場合は何歳から受給開始しても、65歳受給開始の累計受給率をおよそ12年後に逆転し、それ以降は繰り下げ受給の方が累計は多くなります。

受給開始年齢	65歳	66歳	67歳	68歳	69歳	70歳	71歳	72歳	73歳	74歳	75歳
65歳時	100	—	—	—	—	—	—	—	—	—	—
66歳時	200	108.4	—	—	—	—	—	—	—	—	—
67歳時	300	216.8	116.8	—	—	—	—	—	—	—	—
68歳時	400	325.2	233.6	125.2	—	—	—	—	—	—	—
69歳時	500	433.6	350.4	250.4	133.6	—	—	—	—	—	—
70歳時	600	542.0	467.2	375.6	267.2	142	—	—	—	—	—
71歳時	700	650.4	584.0	500.8	400.8	284	150.4	—	—	—	—
72歳時	800	758.8	700.8	626.0	534.4	426	300.8	158.8	—	—	—
73歳時	900	867.2	817.6	751.2	668.0	568	451.2	317.6	167.2	—	—
74歳時	1,000	975.6	934.4	876.4	801.6	710	601.6	476.4	334.4	175.6	—
75歳時	1,100	1,084.0	1,051.2	1,001.6	935.2	852	752.0	635.2	501.6	351.2	184
76歳時	1,200	1,192.4	1,168.0	1,126.8	1,068.8	994	902.4	794.0	668.8	526.8	368
77歳時	1,300	1,300.8	1,284.8	1,252.0	1,202.4	1,136	1,052.8	952.8	836.0	702.4	552
78歳時	1,400	1,409.2	1,401.6	1,377.2	1,336.0	1,278	1,203.2	1,111.6	1,003.2	878.0	736
79歳時	1,500	1,517.6	1,518.4	1,502.4	1,469.6	1,420	1,353.6	1,270.4	1,170.4	1,053.6	920
80歳時	1,600	1,626.0	1,635.2	1,627.6	1,603.2	1,562	1,504.0	1,429.2	1,337.6	1,229.2	1,104
81歳時	1,700	1,734.4	1,752.0	1,752.8	1,736.8	1,704	1,654.4	1,588.0	1,504.8	1,404.8	1,288
82歳時	1,800	1,842.8	1,868.8	1,878.0	1,870.4	1,846	1,804.8	1,746.8	1,672.0	1,580.4	1,472
83歳時	1,900	1,951.2	1,985.6	2,003.2	2,004.0	1,988	1,955.2	1,905.6	1,839.2	1,756.0	1,656
84歳時	2,000	2,059.6	2,102.4	2,128.4	2,137.6	2,130	2,105.6	2,064.4	2,006.4	1,931.6	1,840
85歳時	2,100	2,168.0	2,219.2	2,253.6	2,271.2	2,272	2,256.0	2,223.2	2,173.6	2,107.2	2,024
86歳時	2,200	2,276.4	2,336.0	2,378.8	2,404.8	2,414	2,406.4	2,382.0	2,340.8	2,282.8	2,208

※累計受給率の各年齢は12ヵ月時点。
※ 　部分は、65歳受給時より累計受給率が高くなる部分です。

退職したときの雇用保険

求職中は失業給付が受けられます

定年退職後、ハローワークに求職の申し込みをして、失業給付（求職者給付の基本手当）が受けられる条件を満たしている場合、7日間の待期期間を経て、失業給付の支給が始まります[*1]。

受給には、4週間に1度、就職活動の状況などを記入した申請書をハローワークに提出して、失業認定を受ける必要があります。

[*1] 自己都合退職の場合は、給付開始までの間に原則2ヵ月間、支給されない給付制限期間があります。

失業給付を受けられる条件

・退職前の2年間に、雇用保険の被保険者期間が通算して12ヵ月以上あること
　（倒産・解雇等を理由とする退職の場合、退職前1年間に被保険者期間が通算して6ヵ月以上あること）

失業給付の受給期間

失業給付が受けられるのは、退職の翌日から1年間までです。その期間内に給付日数を終えられるよう注意しましょう。

■失業給付の受給期間（定年退職の場合）

●定年退職の場合、受給期間を延長できます

定年退職したなどの人が、すぐに求職の申し込みを希望しないときは、受給期間を最大2年間にまで延長することができます。

延長を希望する場合は、退職の翌日から2ヵ月以内にハローワークで手続きします。

失業給付の給付日数

失業給付を受けられる日数は、雇用保険の被保険者期間[*2]によって異なります。また、倒産・解雇等を理由とする退職の場合は、年齢によっても変わります。

退職理由（年齢） ＼ 勤続年数		1年未満	1年以上5年未満	5年以上10年未満	10年以上20年未満	20年以上
定年退職・自己都合		—	90日		120日	150日
倒産・解雇等	60〜64歳	90日	150日	180日	210日	240日
	45〜59歳	90日	180日	240日	270日	330日

[*2] 失業給付を受けずに離職から1年以内に転職した場合は、前職での被保険者期間も通算されます。

失業給付の額

失業給付をいくら受けられるかは、退職前の賃金によります。退職前の賃金から求めた「賃金日額」に、賃金日額に応じた支給率をかけた「基本手当日額」が給付日数分支給されます。

基本手当日額 ＝ 賃金日額 × 賃金日額に応じた45%〜80%の率

■賃金日額に応じた基本手当日額の給付率と上・下限額（60～64歳の場合）

賃金日額	《下限額》 2,746円	2,746円以上 5,110円未満	5,110円以上 11,300円以下	11,300円超 16,210円以下	《上限額》 16,210円
給付率（額）	《下限額》 2,196円	80%	80%～45%	45%	《上限額》 7,294円

《参考》（45～59歳の場合）

賃金日額	《下限額》 2,746円	2,746円以上 5,110円未満	5,110円以上 12,580円以下	12,580円超 16,980円以下	《上限額》 16,980円
給付率（額）	《下限額》 2,196円	80%	80%～50%	50%	《上限額》 8,490円

※上の金額は令和5年8月から令和6年7月までのもので、毎年8月に改定されます。

失業給付受給額の例

〈60歳で定年退職したAさん〉　退職前の賃金：月額45万円　雇用保険の被保険者期間：30年

● 賃金日額　45万円×6ヵ月÷180＝15,000円
● 基本手当日額　15,000円×45%＝6,750円
● 雇用保険の被保険者期間が「20年以上」のため、給付日数は「150日」

給付額
6,750円×150日＝101万2,500円
（月額20万2,500円）

手続き

失業給付を受けるには、ハローワークに「求職票」と会社から渡される「離職票」を提出し、後日、説明会に参加します。また、4週間に1度、就職活動の状況などを記入した「失業認定申告書」を提出する必要があります。

失業給付を受けている間は年金が支給停止されます

失業給付を受けている間は、年金が支給停止されます。支給停止されるのは、求職の申し込みをした日の翌月から、給付日数分の給付を受け終わった月（または受給期間終了の月）までです。

支給停止は月単位で、失業給付を受けた日（待期期間、給付制限期間を含む）が1日でもあると、その月は年金が支給停止されます（実際には失業給付を受けていない日については、給付終了時に精算が行われ年金が支給されます）。

失業給付を受けた日が1日もない場合は、その月の年金は約3ヵ月後に支給されます。

65歳以上で退職した場合（高年齢求職者給付金）

65歳以上で退職した場合、ハローワークに求職の申し込みをすると、「高年齢求職者給付金」が受けられます。給付金を受けるには、原則として離職前1年間に被保険者期間が通算して6ヵ月以上あるなどの条件を満たす必要があります。

給付金額は、被保険者期間に応じて、基本手当日額（60歳～64歳の場合と計算方法が異なります）の30日分、または50日分に相当する額です。

高年齢求職者給付金は、年金との支給調整はなく、同時に受けられます。

■高年齢求職者給付金の給付金額

被保険者期間	給付金額
1年以上	基本手当日額の50日分
1年未満	基本手当日額の30日分

働くときの雇用保険

高年齢雇用継続給付

　60歳を過ぎて再就職したり、同じ会社で条件を変えて引き続き働く場合、給与は再就職等する前より低くなるのが一般的です。そうした場合に雇用保険から給付されるのが「高年齢雇用継続給付」です。

　高年齢雇用継続給付は、新しい賃金が60歳到達時賃金（60歳に到達する前6ヵ月間の平均賃金）[*1]の75％未満のときに、最大で新しい賃金の15％の額[*2]が支給され、失業給付を受けていたかどうかで名称と支給期間が異なります。

[*1] 60歳到達後に受給資格が発生する場合は、受給資格発生時の賃金（受給資格が発生する日の前6ヵ月間の平均賃金）。
[*2] 令和7年4月からは最大で新しい賃金の10％の額に給付が縮小されます。

高年齢雇用継続給付を受けられる条件
❶60歳以上65歳未満で雇用保険の被保険者
❷雇用保険の被保険者だった期間が通算して5年以上ある
❸賃金が60歳到達時賃金の75％未満
❹失業給付を受けていた場合は、残りの給付日数が100日以上ある

失業給付を受けてからの就職？
（失業給付を受けていない場合）➡「高年齢雇用継続基本給付金」　65歳になるまで支給

（失業給付を受けていた場合）➡「高年齢再就職給付金」

給付残日数200日以上:再就職した日の翌日から2年間

100日以上200日未満:再就職した日の翌日から1年間

※ただし、支給は65歳までに限る。同じ就職で「再就職手当」を受けた場合は支給されない。

賃金が低くなるほど、支給率は高い

　高年齢雇用継続給付は、再就職などしたときの賃金が60歳到達時の75％未満のときに支給され、その割合が低くなるほど多くの額が給付されます。新賃金が60歳到達時の61％以下であるときに最大となり、新賃金の15％の額が支給されます。61％以上75％未満のときは、以下の計算式で求められます。

賃金の低下率	支給率	賃金の低下率	支給率
75％以上	0.00％	67％	7.80％
74％	0.88％	66％	8.91％
73％	1.79％	65％	10.05％
72％	2.72％	64％	11.23％
71％	3.68％	63％	12.45％
70％	4.67％	62％	13.70％
69％	5.68％	61％以下	15.00％
68％	6.73％		

　新賃金 × −183/280 ＋ 60歳到達時賃金 × 137.25/280

※60歳到達時賃金の上限は486,300円、下限は82,380円。雇用継続給付の支給限度額は、370,452円から賃金を引いた額。計算された支給額が2,196円以下の場合は支給されない（これらは令和6年7月までの額。毎年8月に改定）。

失業給付を受けずに働いた場合の高年齢雇用継続給付の例
〈同じ会社で再雇用されたDさん〉

● 60歳到達時の賃金　40万円
● 再雇用後の賃金　20万円（60歳時の50％）
➡ 新賃金が60歳到達時の61％以下なので、支給率は新賃金の15％となり、支給額は3万円となる。

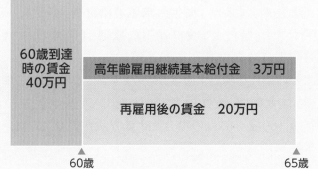

60歳到達時の賃金 40万円

高年齢雇用継続基本給付金　3万円

再雇用後の賃金　20万円

60歳　　　　　　65歳

失業給付を受けてから再就職した場合の高年齢雇用継続給付の例
〈62歳で再就職したEさん〉

● 60歳到達時の賃金　40万円
● 再就職後の賃金　20万円（60歳時の50％）
● 失業給付の残日数　100日
　➡ 新賃金が60歳到達時の61％以下なので、支給率は新賃金の15％となり、支給額は3万円。失業給付を受けているので、支給期間は1年間となる。

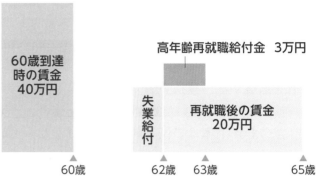

高年齢雇用継続給付を受けると年金が減額されます

　年金を受けながら、働いて高年齢雇用継続給付を受けると、給付額に応じて年金が減額されます。厚生年金に加入していて、在職老齢年金を受けている場合、在職による減額と雇用継続給付受給による減額を同時に受けることになります。

　年金の減額は、最大で標準報酬月額の6％相当額です。

※右表の年金の「停止率」は、新賃金の標準報酬月額に対する割合。「低下率」は、60歳到達時賃金に対する新賃金の標準報酬月額の割合をさす。

賃金の低下率	年金の停止率	賃金の低下率	年金の停止率
75％以上	0.00％	67％	3.12％
74％	0.35％	66％	3.56％
73％	0.72％	65％	4.02％
72％	1.09％	64％	4.49％
71％	1.47％	63％	4.98％
70％	1.87％	62％	5.48％
69％	2.27％	61％以下	6.00％
68％	2.69％		

高年齢雇用継続給付と在職老齢年金を同時に受けた場合の年金減額の例
〈62歳で退職後、再就職したFさん〉　※昭和40年生まれの女性で、老齢厚生年金（報酬比例部分）の支給開始年齢が64歳の場合。

● 受給資格発生時の賃金　54万円
● 再就職後の賃金　32万円（受給資格発生時の61％以下）　● 過去1年間の賞与　120万円
● 64歳から支給される老齢厚生年金の額　10万円

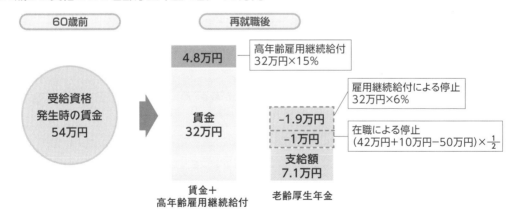

手続き

● 高年齢雇用継続給付の手続き
　労使間で協定を締結したうえで、事業主がハローワークに支給申請を行います。

● 高年齢雇用継続給付を受ける場合の年金の手続き
　年金の手続きは原則必要ありません＊。自動的に年金との支給調整が行われます。
＊日本年金機構へ雇用保険被保険者番号を届出していない場合は、「支給停止事由該当届」の提出が必要です。

退職後の健康保険①

退職後の健康保険制度

会社を退職すると、被扶養者であった家族も含めて、在職中に加入していた健康保険から脱退することになります。日本は皆保険制度で、必ずなんらかの健康保険制度に加入しなければならないため、再就職をしない場合は自分で加入する健康保険制度を選び、手続きをする必要があります。

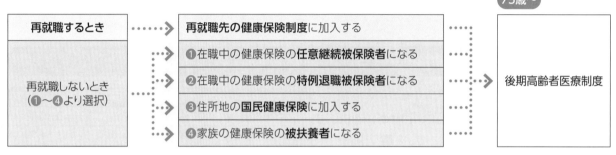

再就職するとき	·····➤	再就職先の健康保険制度に加入する	·····	75歳～
再就職しないとき（❶～❹より選択）	·····➤	❶在職中の健康保険の任意継続被保険者になる	·····	後期高齢者医療制度
	·····➤	❷在職中の健康保険の特例退職被保険者になる	·····	
	·····➤	❸住所地の国民健康保険に加入する		
	·····➤	❹家族の健康保険の被扶養者になる		

＊再雇用制度などで在職していた会社で短時間勤務をする場合は、所定労働時間によって健康保険の加入の可否が決まります。厚生年金に加入する場合は健康保険にも加入することになり、厚生年金に加入しない場合は上記❶～❹から加入する健康保険を選んでご自身で手続きをする必要があります。

後期高齢者医療制度

後期高齢者医療制度は、都道府県ごとの後期高齢者医療広域連合が運営する、75歳以上の人（一定の障害にあり広域連合に認定を受けた65歳以上の人も含む）を対象とする医療制度です。

75歳になると全ての人は、それまで加入していた健康保険制度を脱退して後期高齢者医療制度へ加入することになります。75歳の誕生日の1ヵ月前になると後期高齢者医療制度の被保険者証が送付されますので、それまで加入していた健康保険の被保険者証を返還し、後期高齢者医療制度の新被保険者証を病院などへ提示して、医療を受けます。

保険料は、所得に応じて決められた額を各自が納めます。

●加入の条件

それぞれの健康保険に加入するためには、決められた一定の条件を満たす必要があります。

❶任意継続被保険者	退職するまでに継続して2ヵ月以上の被保険者期間があること
❷特例退職被保険者	・在職中の健康保険に特例退職被保険者制度があること ・60歳以上で老齢年金の受給資格があること ・退職日までに20年（または40歳以降に10年）以上加入していたこと
❸国民健康保険の被保険者	他の健康保険に加入していないこと
❹家族の健康保険の被扶養者	家族の加入する健康保険の扶養条件を満たすこと ・3親等以内の親族であること ・年収が130万円（60歳以上の場合は180万円）未満であること ・配偶者、父母、祖父母、子、孫、兄弟姉妹以外は同居していること　など

＊任意継続被保険者となれる期間は最長2年間です。次のいずれかに該当したときは任意継続被保険者の資格を失います。
・2年を経過したとき（期間満了）
・死亡したとき
・保険料納付期日までに保険料を納付しないとき
・就職し、他の健康保険の被保険者となったとき
・75歳になったとき
・脱退を申し出たとき

●**保険料などのちがい**

　健康保険によって、保険料や給付、被扶養者の扱いなどが変わります。再就職しない場合は、❶〜❹それぞれのメリットや留意点を理解し、自分の状況を考慮したうえで、十分に検討しましょう。

	保険料	保険給付	被扶養者だった人の扱い
❶任意継続被保険者	会社負担だった分も含めて全額自己負担。退職時の標準報酬月額または全被保険者の平均標準報酬月額などをもとに計算。	付加給付※も含めて、在職中と同じ。ただし、傷病手当金は除く。	条件を満たせば、在職中と同様に被扶養者になれる。被扶養者分の保険料負担はなし。
❷特例退職被保険者	全被保険者の平均標準報酬月額の2分の1の範囲内で各健康保険組合が設定した額をもとに計算。	付加給付※も含めて、在職中と同じ。ただし、傷病手当金は除く。	条件を満たせば、在職中と同様に被扶養者になれる。被扶養者分の保険料負担はなし。
❸国民健康保険の被保険者	前年度の世帯収入や加入する人数などをもとに計算。同一世帯内の家族分を負担。	原則として法定給付のみ。	国民健康保険の被保険者となり、保険料負担の必要がある。
❹家族の健康保険の被扶養者	保険料負担はなし。	健康保険によって法定給付に加えて付加給付※がある場合がある。	それぞれに加入する健康保険を選んで加入手続きをする必要がある。

※付加給付…健康保険法で定められている給付（法定給付）に加えて、各健康保険が独自に行う給付

加入の手続き

　再就職しない場合は、自分で健康保険の加入手続きをする必要があります。

	手続きの窓口	手続きの期日	必要書類
❶任意継続被保険者	在職中の健康保険の窓口（協会けんぽの場合は、住所地の都道府県支部）	退職の翌日から20日以内	健康保険任意継続被保険者資格取得申出書
❷特例退職被保険者	在職中の健康保険の窓口	公的年金の年金証書を受け取った日の翌日から3ヵ月以内	特例退職被保険者資格取得申請書　年金証書の写し　など
❸国民健康保険の被保険者	住所地の市区町村の窓口	退職の翌日から14日以内	資格取得届　離職票の写し　など
❹家族の健康保険の被扶養者	家族が加入する健康保険の窓口	退職の翌日から5日以内	被扶養者異動届　収入額を証明する書類　住民票　など

退職後の健康保険②
（収入と保険料・医療費）

退職後のマネープランにおいて、大きなウエイトを占める健康保険料と医療費。保険料がいくらになるか、医療費の窓口負担割合や負担限度額は収入に左右されます。このしくみを理解して、保険料や医療費の負担減につなげましょう。

健康保険料

健康保険料は退職後に加入する健康保険によって違います

会社の健康保険を続ける場合

任意継続する

退職後も在職中の健康保険に加入し続けることを任意継続といいます。

任意継続被保険者の保険料は、全額が自己負担ですから在職中の保険料の2倍になります。ただし全被保険者の平均標準報酬月額をもとにした金額が上限です。収入が高い人が多く加入する健康保険組合では、平均標準報酬月額も高いため任意継続の保険料も高くなります。中小企業が多く加入する協会けんぽの場合、平均標準報酬月額は30万円・保険料は35,460円（介護保険料含む：協会けんぽ東京 令和5年度分）が上限です。

特例退職被保険者制度を利用する

一部の健康保険組合には、特例退職被保険者制度という制度があります。特例退職被保険者制度の保険料率は現役世代より低く、給付の面でも国保や協会けんぽより有利です。ただし、制度があっても被保険者期間等に条件があり、加入できるとは限りません。加入できるなら、第一候補としたいところです。

国民健康保険に加入する場合

国民健康保険（以下国保）の保険料は、同じ給料なら同じ保険料という会社の健康保険と大きく違う点がいくつかあります。

国保の保険料＝均等割（＋平等割）＋所得割

国保の保険料は、上記の算式の3つの要素で4月～翌年3月の年度単位で決まります。

均等割は加入者1人あたりの基本料金のようなものです。赤ちゃんも収入のない人も同額です。

平等割は世帯あたりの基本料金のようなものです。自治体によってないところもあります。

保険料を左右するのは**所得割**です。計算のベースとなる所得は国保に加入する人全員分の前年の旧ただし書き所得（解説参照）の合計です。前年所得がベースとなるため、退職直後は高くなります。

■ポイント1 所得がダウンすると所得割も安くなります。任意継続と国保を比較するときは、退職直後だけでなくその翌年のことも考えましょう。

■ポイント2 国保は加入者が増えると保険料が高くなります。配偶者や子が他の家族の健康保険の被扶養者になれる場合は、それも検討しましょう。

■ポイント3 国保の保険料は1世帯あたりの上限額があります。同じ世帯の家族の保険料が既にそれに達していれば、追加で加入しても保険料は同額というケースもあります。

> **解説 旧ただし書き所得 とは**
>
> **総所得金額等－住民税の基礎控除額（43万円）**
>
> 会社員OBの場合、給与所得・公的年金等の雑所得・満期金などがある場合の一時所得などの合計です。退職所得は含みません。所得の計算については**退職後の税金①②（40～44ページ）**をご覧ください。

非自発的に退職した人の保険料の減額

解雇、倒産等の理由により非自発的に失業した人（特例対象被保険者等）は、前年の給与所得を30／100として保険料を計算する特例を受けることができます。雇用保険受給資格者証（原本）を持参して市役所等で手続きしてください。

計算例 前年の年収500万円の人が令和6年中に63歳で退職し、59歳の被扶養配偶者がいる場合
（健康保険：協会けんぽ東京　住所：東京S区）

1. **任意継続被保険者を選んだ場合**
   退職時の標準報酬月額　41万円
   ➡協会けんぽ東京の標準報酬月額の上限　30万円
   ➡保険料月額34,740円

2. **国民健康保険を選んだ場合**（試算は令和6年度の場合）
   旧ただし書所得＝500万円−144万円（給与所得控除額）−43万円＝313万円
   ➡313万円×13.69%＋82,100円×2人
   ＝592,697円（年間）

> このケースでは配偶者が59歳であるため、国保に加入したときは、別途、国民年金に加入し保険料を支払う必要も生じます。

保険料率・均等割額は、医療分・後期高齢者支援金分・介護分の3つ

	医療分	後期高齢者支援金分	介護分	合計
所得割	8.69%	2.80%	2.20%	13.69%
均等割（1人年間）	49,100円	16,500円	16,500円	82,100円

※東京S区は平等割はありません

退職後の介護保険料

65歳未満の介護保険料は健康保険料・国民健康保険料といっしょに徴収されます。

65歳以上の第1号被保険者の保険料は、市町村（広域連合）により基準額が決められ、それにランク別の負担割合を掛けて計算します。ランクは本人・家族の所得金額や年金額によって決定されます。第1号被保険者の保険料は原則として年金から天引き（特別徴収）されます。

医療費

●70歳になるまで：
収入により自己負担限度額に差

70歳未満の人が病院で受診する場合の窓口負担割合は、どの健康保険でも3割です。しかし、1ヵ月の負担額が大きくなった場合の自己負担限度額は、会社の健康保険に入っている人は標準報酬月額により、国民健康保険では「旧ただし書き所得」（38ページ）により差があります。

■高額療養費の自己負担限度額（月額）

所得区分		自己負担限度額	多数該当
標準報酬月額（会社の健康保険）	旧ただし書き所得（国民健康保険）		
83万円以上	901万円超	252,600円＋（総医療費−842,000円）×1%	140,100円
53〜79万円	600万円超〜901万円	167,400円＋（総医療費−558,000円）×1%	93,000円
28〜50万円	210万円超〜600万円	80,100円＋（総医療費−267,000円）×1%	44,400円
26万円以下	210万円以下	57,600円	44,400円
住民税非課税（本人）	住民税非課税（世帯）	35,400円	24,600円

●70歳以降：
「現役並み所得者」は3割負担

医療ニーズがいよいよ高まる70代、窓口負担は3割から2割に。さらに75歳、後期高齢者となると1割*に引き下げられます。ところが、所得が高く「現役並み所得者」に位置づけられると、窓口負担は3割に。もちろん自己負担限度額も高くなります。

*一定以上所得のある方は2割

国民健康保険の判定のベースに使うのは、**住民税の課税所得**（40〜41ページ「退職後の税金①」参照）です。

境目となる金額は145万円。住民税の課税所得は、確定申告で下げることができます。所得控除できるものがあれば、積極的に申告しましょう。

▶確定申告については退職後の税金②（42ページ）へ

退職後の税金①
（所得税と住民税）

サラリーマン時代の税金は源泉徴収と年末調整で完結し、住宅ローン控除や医療費控除を受ける等特別なことがなければ、何もする必要はありませんでした。しかし、退職すると事情がかわります。

第一に60代になると給与と公的年金、個人年金など収入が複数にわかれることが多いこと、第二に源泉徴収されても年末調整のようにそれを精算してくれるしくみがないことです。そこで「確定申告」に向き合わなくてはいけないことになります。

確定申告に関係する税金には国の税金である「所得税」と都道府県・区市町村の税金の「住民税」があり、保険料や医療費にも影響します。

退職後のライフプランニングで税金をいかにセーブするかというのは、とても大切なポイントです。ずっとついてくることですから、しくみを理解し賢い申告の仕方を覚えましょう。

【所得税・住民税の計算方法】

所得税と住民税は、ともに次の3つのステップで計算されます。

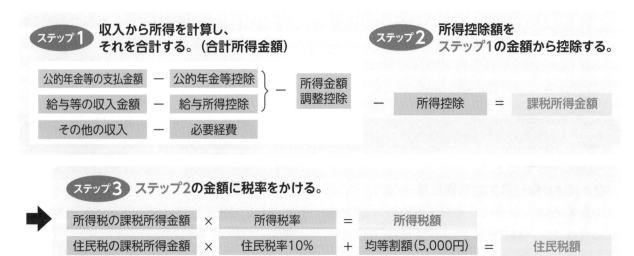

ステップ1　収入の種類ごとに所得を計算し、合計する。（合計所得金額の計算）

この過程は所得税・住民税共通です。

「所得」とは利益と同じような言葉で、収入からかかった経費を控除した金額を指します。給与と公的年金は、経費のかわりに収入によって決まる「給与所得控除額」「公的年金等控除額」を控除します。給与と公的年金がある場合は、さらに所得金額調整控除額（最高10万円）を控除します。各所得を計算して、最後に合計します。

■公的年金等控除額（公的年金以外の合計所得金額1,000万円以下の場合）

公的年金等の収入金額	公的年金等控除額	
	65歳未満	65歳以上
130万円未満	60万円	110万円
130万円以上　330万円未満		
330万円以上　410万円未満	収入金額×25%＋27.5万円	
410万円以上　770万円未満	収入金額×15%＋68.5万円	
770万円以上1,000万円未満	収入金額×5%＋145.5万円	
1,000万円以上	195.5万円	

■給与所得控除額

給与の収入金額	給与所得控除額
162万5,000円以下	55万円
162万5,000円超180万円以下	収入金額×40%－10万円
180万円超360万円以下	収入金額×30%＋8万円
360万円超660万円以下	収入金額×20%＋44万円
660万円超850万円以下	収入金額×10%＋110万円
850万円超	195万円

ステップ2 ステップ1の金額から所得控除額を控除して、課税所得を計算する。

所得控除の項目は所得税・住民税とも同じですが、生命保険・損害保険料控除と人的控除額等の金額が違います。

■ **所得控除額**
（所得税と住民税の金額が違うもの）

		所得税（A）	住民税（B）
生命保険料控除		最高12万円	最高7万円
地震保険料控除		最高5万円	最高2.5万円
配偶者控除（カッコ内は70歳以上）		38万円（48万円）	33万円（38万円）
配偶者特別控除		1万円～38万円	1万円～33万円
障害者控除　一般／特別／同居特別		27万円/40万円/75万円	26万円/30万円/53万円
扶養控除	16～18歳・23～69歳	38万円	33万円
	19～22歳	63万円	45万円
	70歳以上（カッコ内は同居老親）	48万円（58万円）	38万円（45万円）
寡婦控除		27万円	26万円
ひとり親控除		35万円	30万円
勤労学生控除		27万円	26万円
基礎控除（合計所得金額2,400万円以下の場合）		48万円	43万円

このほか医療費控除・社会保険料控除等があります。これらの控除額は所得税・住民税で基本的に同額です。

> ステップ1の金額 − 所得税の所得控除額（A）＝所得税の課税所得金額
>
> 住民税の所得控除額（B）＝住民税の課税所得金額

ステップ3 ステップ2の金額に税率をかけて税額を求める。

所得税は**ステップ2**で求めた所得税の課税所得金額を所得税の速算表にあてはめて計算します。

> 所得税額＝{所得税の課税所得金額×税率−速算控除額}×102.1%*

*令和19年まで所得税の2.1%の復興特別所得税が加算されます。
※令和6年は、対象者一人につき3万円の定額減税額が控除されます。

■ **所得税**（復興特別所得税含む）**の速算表**

課税所得額全般 Ⓐ	税率 Ⓑ	速算控除額 Ⓒ	所得税*＝((Ⓐ×Ⓑ)−Ⓒ))×102.1%	
195万円以下	5%	—	(Ⓐ×5%)	×102.1%
195万円超　～　330万円以下	10%	9.75万円	(Ⓐ×10%−9.75万円)	×102.1%
330万円超　～　695万円以下	20%	42.75万円	(Ⓐ×20%−42.75万円)	×102.1%
695万円超　～　900万円以下	23%	63.6万円	(Ⓐ×23%−63.6万円)	×102.1%
900万円超　～1,800万円以下	33%	153.6万円	(Ⓐ×33%−153.6万円)	×102.1%
1,800万円超　～4,000万円以下	40%	279.6万円	(Ⓐ×40%−279.6万円)	×102.1%
4,000万円超	45%	479.6万円	(Ⓐ×45%−479.6万円)	×102.1%

住民税の税率は一律10%です。それに5,000円（自治体により環境目的等による加算があります）の均等割が加算されます。

> 住民税額＝住民税の課税所得金額×10%＋5,000円

※令和6年度分は、対象者一人につき1万円の定額減税額が控除されます。

退職後の税金②
（年金と確定申告）

【年金からの源泉徴収と確定申告】

●公的年金から所得税が源泉徴収

　国の年金・厚生年金基金等の年金は、毎年、秋に送付される「扶養親族等申告書」を提出することにより、人的控除（基礎控除・配偶者控除・扶養控除等）や年金から徴収された保険料を反映した所得税が年金から源泉徴収されます。年金額が表の金額以下の場合は申告書の提出は不要で源泉徴収もされません。この申告書を提出しない場合や制度上提出できない企業年金基金の年金について

は、年金額の7.6575%が源泉徴収されます。

　源泉徴収された税金はあくまでの仮払いなので、確定申告することによって正しい税額に精算されます。ただし公的年金等が400万円以下でその他の所得が20万円以下など一定の条件を満たす場合、確定申告はしなくてもいいこととされています。

■源泉徴収がない年金額

年金の種類	65歳未満	65歳以上
国の年金	108万円以下	158万円以下
厚生年金基金等の年金	108万円以下	80万円以下

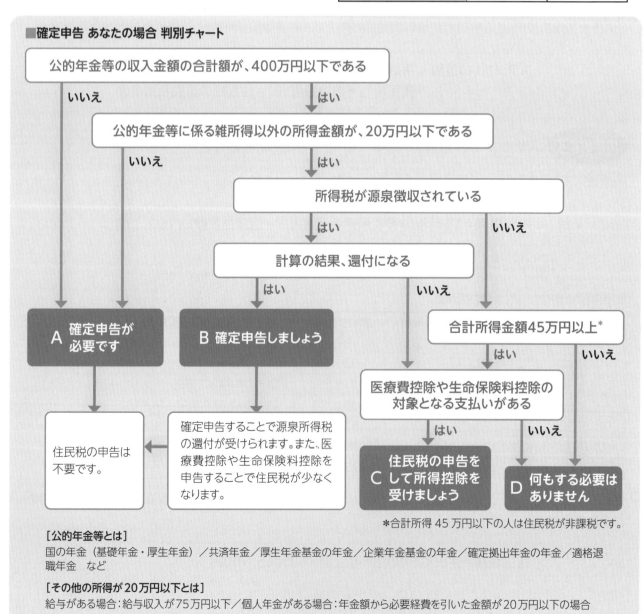

■確定申告 あなたの場合 判別チャート

公的年金等の収入金額の合計額が、400万円以下である

いいえ → / はい ↓

公的年金等に係る雑所得以外の所得金額が、20万円以下である

いいえ → / はい ↓

所得税が源泉徴収されている

はい ↓ / いいえ →

計算の結果、還付になる

はい ↓ / いいえ →

合計所得金額45万円以上*

はい ↓ / いいえ →

医療費控除や生命保険料控除の対象となる支払いがある

はい ↓ / いいえ →

A 確定申告が必要です

住民税の申告は不要です。

B 確定申告しましょう

確定申告することで源泉所得税の還付が受けられます。また、医療費控除や生命保険料控除を申告することで住民税が少なくなります。

C 住民税の申告をして所得控除を受けましょう

D 何もする必要はありません

＊合計所得45万円以下の人は住民税が非課税です。

[公的年金等とは]
国の年金（基礎年金・厚生年金）／共済年金／厚生年金基金の年金／企業年金基金の年金／確定拠出年金の年金／適格退職年金　など

[その他の所得が20万円以下とは]
給与がある場合：給与収入が75万円以下／個人年金がある場合：年金額から必要経費を引いた金額が20万円以下の場合

給与・年金以外の収入があるとき

給与や年金以外の収入はそれぞれルールにしたがって所得を計算し、**ステップ1**の計算に加えます。

独立して自営業を営むと事業所得が生じます。事業所得は「青色申告」することで要件を満たせば、必要経費とは別に最高55万円(e-Taxの場合は65万円)を控除できる、家族に給与を払うことができるといったメリットがあります。事前の手続きや記帳の方法など専門的なことがありますので、起業する場合はよく研究してのぞみましょう。

こんな収入があるとき	所得の種類	計算の仕方
自営業を始めた	事業所得	収入(売上) − 必要経費 − 青色申告特別控除額(青色申告の場合)
アパートや駐車場の賃貸収入がある	不動産所得	賃料収入 − 必要経費 − 青色申告特別控除額(青色申告の場合)
生命保険会社の個人年金をもらっている	公的年金等以外の雑所得	個人年金の受取額 − それに対応する保険料の金額(保険会社から通知されます)
生命保険の満期金や解約返戻金を受け取った	一時所得	{(満期金や解約返戻金の受取額) − それに対応する保険料の金額(保険会社から通知されます) − 50万円}×1／2

※申告の必要がないもの　遺族年金・障害年金・雇用保険の基本手当や高年齢雇用継続給付・財形年金の年金・銀行の個人年金

確定申告しない損に注意

確定申告しないと源泉徴収税額が本来の税額より多くても還付を受けることができません。また所得税の確定申告は住民税の確定申告も兼ねているため、確定申告しないと医療費や生命保険料などの支払いがあっても控除を受けることができず、住民税や保険料が高く計算されてしまいます。

こんなときは…

●住民税だけの確定申告もできます

確定申告の義務がなく、所得税の申告をすると税金を払わなくてはいけなくなる人が医療費や生命保険料を支払った場合、住民税だけの確定申告をすることもできます。詳しくは区市町村の税務課にお問い合わせください。

要介護認定を受けている家族がいるとき

　要介護認定を受けている家族がいるときは、区市町村の介護保険の窓口で「障害者控除対象者認定書」の申請をしましょう。これは区市町村長が介護の程度が障害者控除を受けている人と同等であることを証明するもので、取得することができれば確定申告で障害者控除を受けることができます。

＊同居している親(扶養親族に該当)が寝たきりで特別障害者相当と認定された場合の控除額(所得税)

扶養控除(同居老親)58万円＋同居特別障害者控除75万円＝133万円

"被害"にあったら「雑損控除」を

　地震や台風などの自然災害、火災や爆発、害虫など生物による被害、盗難・横領などによる被害を受けた場合、雑損控除が受けられる場合があります。本人だけでなく配偶者や総所得金額48万円以下の親族が受けた被害も対象です。

※詐欺の被害は対象外です。特殊詐欺にはくれぐれもご注意を。

具体例 Aさん（65歳）の場合

収入：給与200万円・国の年金150万円と厚生年金基金80万円
社会保険料：25万円・控除対象配偶者（65歳）有

ステップ1

❶給与所得

a) 200万円 − {200万円×30%＋8万円} ＝132万円
　　　　　　　　給与所得控除額

b) 所得金額調整控除額：10万円

　　a) − b) ＝**122万円**

❷公的年金等の雑所得の金額

(a) 公的年金等の金額：150万円＋80万円＝230万円
(b) 公的年金等控除額：110万円

　　公的年金等の雑所得の金額：(a) − (b) ＝**120万円**

❸合計所得金額＝❶＋❷＝242万円

ステップ2

■Aさんの所得控除額

	所得税	住民税
社会保険料控除	25万円	
配偶者控除	38万円	33万円
基礎控除	48万円	43万円
合計	111万円	101万円

■課税所得

所得税　242万円 − 111万円＝**131万円**
住民税　242万円 − 101万円＝**141万円**

ステップ3

■Aさんの税金

所得税　131万円×5%×102.1%＝**66,800円**（百円未満切り捨て）
住民税　141万円×10%＋5000円＝**146,000円**（百円未満切り捨て）

所得控除額と税率の違いにより、定年退職後は多くの人にとって、所得税より住民税の負担が重くなります。退職後の税金は所得税より住民税ということができます。

・・・

Aさんが国民健康保険加入者の場合、翌年度の保険料は？

国民健康保険料には、所得割といって住民税の所得を基礎に計算する部分が含まれます。
計算に使われる所得は、ステップ1の合計所得から住民税の基礎控除額である43万円を引いた金額です。
（保険料率・均等割の金額は自治体毎に毎年かわります。ここでは東京S区のもので試算しました。）

所得割に乗ずる料率： 医療分 8.69%　後期高齢者支援金分 2.8%　**合計 11.49%**
　　　　　　　　　　※65歳以上は、介護分はありません。

これに加入人数に応じた均等割（1人につき65,600円）を加えます。

■Aさんの場合

（242万円 − 43万円）× 11.49% ＋ 65,600円 × 2名 ＝ 359,851円

65歳以後の介護保険料や70歳以上の人が医療費の窓口負担割合3割の現役並み所得者に該当するかどうかの判定にも所得や収入が影響します。影響するのがステップ1の所得か、所得控除を反映したステップ2の所得か、所得ではなく収入なのかは制度によって違います。説明書きを読むときはこれらの点にご注意ください。

退職後の税金③
（退職金と税金）

●退職金の税金は優遇されている

退職金は長年の勤務の成果であり老後の生活を支えるものであることから、税務上、たいへん優遇されています。退職金の税金は、次の算式で計算しますが「退職所得控除額」という大きな控除があるため、1,000万円を超える金額であっても税金がかからないケースもあります。

ステップ1 課税対象となる金額を求める。

$$課税退職所得金額＝\{退職金－退職所得控除額\}×1／2$$

■退職所得控除額
※1年未満の端数は1年とします。

勤続年数	退職所得控除額の計算式
20年以下	勤続年数×40万円(80万円に満たない場合は80万円)
20年超	(勤続年数－20年)×70万円＋800万円

例) 勤続20年：800万円　30年：1,500万円　35年：1,850万円

ステップ2 退職金の所得税・住民税を計算する。

所得税：課税退職所得金額を所得税の速算表(41ページ参照)に当てはめて計算します。
住民税：課税退職所得金額×10%

具体例 勤続35年で退職金2,000万円を受け取った場合
退職所得控除額(35年－20年)×70万円＋800万円＝1,850万円
退職所得＝(2,000万円－1,850万円)×1／2＝75万円
所得税＝75万円×5%×102.1%＝38,287円(1円未満切り捨て)
住民税＝75万円×10%＝75,000円
所得税・住民税合計＝113,287円

●退職金と確定申告

あらかじめ「退職所得の受給に関する申告書」を提出することで、上記の方法で計算した所得税・住民税が退職金から差し引かれ、課税は完結します(申告不要)。

この申告書を提出しないと退職金の20.42%の所得税が源泉徴収されます。その場合はすべての退職金を確定申告して、税金を精算します。

【退職直後の住民税】

住民税は、給与天引きのときと違い1回に3ヵ月分を払わなくてはいけないのと、前年の所得をもとに決定されるため特に退職直後は負担感があります。あらかじめ準備しておく必要があります。

●6月～12月に退職した場合

退職の翌月から翌年5月分までの住民税を、区市町村からの納付書に従って支払います。給与天引きの場合は年税額の12分の1ずつの納付ですが、住民税の納付は年4回なので、毎回の納付額は3倍程度になります。

退職月に翌年5月分までの住民税を一括徴収してもらうこともできます。

●1～5月に退職した場合

原則として退職月から5月分までの住民税が退職月の給与から一括徴収され、5月まで住民税の納付はありません。

6月以後は、どちらの場合も、新年度の住民税を区市町村からの納付書に従って支払います。

退職金は年金、それとも一時金？

　退職金の受取方法に年金・一時金という選択肢がある場合、税引き後の手取り額だけでなく、将来の住民税や社会保険料、医療費の自己負担割合への影響も含めたところで検討することが大切です。

▶ ポイント 1　税金

　退職金を一時金でもらった場合は受取時に税金が天引きされ、それで課税は完結します。一方、年金で受け取った場合は国からの年金と合算した金額から公的年金等控除額を引いた金額が課税対象となります。実際にいくらになるかは、年金額や所得控除の金額によります。毎年のことですから、退職直後だけでなく完全にリタイアしてから先のことまで考えておく必要があります。

▶ ポイント 2　保険料や医療費の自己負担割合等への影響

　高齢期にズシンと負担感がある保険料。これは「退職後の税金」で解説した合計所得金額（40ページのステップ1の金額）に連動するため、年金額が高くなれば保険料も高くなります。さらに医療費の自己負担限度額や70歳以後の医療費の自己負担割合にも影響します。

　一時金であれば、こうした跳ね返りはありません。

▶ ポイント 3　ライフプラン

　毎年の税金や保険料のことを考えると一時金がいいのはわかるけれど、お金の使いすぎを防ぐため家計管理がしやすい年金で受け取りたいという人もいることでしょう。

　ここで考えられるのが、一時金で受け取って、自分で年金受け取りのしくみをつくるということです。定期的に一定額を生活口座に振込むあるいは自動振込のサービスを利用するという方法もありますし、受け取った一時金で生命保険会社の個人年金や信託銀行の年金信託に加入するのもいいでしょう。このような方法をとると、税金や保険料はかかるとしても利息部分に対してだけでごく少額です。

> **注意！**　金融機関では退職金をターゲットにした外貨建ての個人年金やリスクのある投資商品を勧められがちです。老後資金は増やすより守ることが大切です。よほど余裕がある場合を除き、リスクのある商品は避けましょう。

確定拠出年金があるとき

　確定拠出年金の受取りも一時金と年金の選択が可能です。加入期間、企業型か個人型か、企業型の場合はその年金の規約等により選択肢がかわってきます。会社や運営管理機関からあなた向けに作成された資料が届いたら、隅々までよく目を通してください。

▪ 確定拠出年金の税金

　60歳になると確定拠出年金の受給権が発生します。確定拠出年金も一時金と年金の選択が可能です。

年金 ▶「公的年金等」として国や会社の退職年金と合算の上、公的年金等控除額を控除した金額＝公的年金等の雑所得が課税対象となります。

> 全部あわせて公的年金等の雑所得とそれに対する税金や保険料、医療費の自己負担限度額がいくらになるか試算しましょう。

一時金 ▶ 退職所得として他の退職金と合算して退職所得控除額を控除した金額の2分の1に税率をかけて税金を計算し、課税が完結します。

> 4年以内に複数の退職金をもらった場合、退職所得控除額の調整[47ページ※参照]があります。
> 　確定拠出年金は、この期間が19年以内になります。
> 　これを念頭において一時金でもらう場合は受取りのタイミングを考えましょう。

※退職所得控除額の調整とは

入社37年の人で入社20年目から確定拠出年金が導入された場合

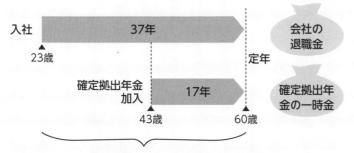

入社
37年
会社の
退職金
23歳
定年

確定拠出年金
加入
17年
確定拠出年
金の一時金
43歳
60歳

勤続年数 37年（重複期間の二重控除はしない）

重複した部分を1本の線にして退職所得控除額の計算をします。

退職所得控除額
＝70万円×（37年−20年）＋800万円
＝1,990万円

パターン 1

退職金・一時金の合計額 ＜ 退職所得控除額＋390万円*のとき。 ＊いちばん低い税率が適用される所得区分（195万円×2）

⇒確定拠出年金をいつもらっても、税額は同じです。

パターン 2

退職金の合計額 ＞ 退職所得控除額＋390万円のとき

例）会社の退職一時金2,400万円　確定拠出年金600万円

　a）60歳で両方をもらった場合（所得税）

　　{（2,400万円＋600万円）−1,990万円}×½＝505万円

　　（505万円×20%−427,500円）×102.1%＝594,732円

　b）60歳で会社の退職金をもらい、翌年に確定拠出年金の一時金をもらう場合

　　① 60歳退職時　（2,400万円−1,990万円）×½＝205万円

　　　（205万円×10%−97,500円）×102.1%＝109,757円（1円未満切り捨て）

　　② 翌年（600万円−0円）×½＝300万円

　　　（300万円×10%−97,500円）×102.1%＝206,752円（1円未満切り捨て）

　合計：①＋②＝316,509円

　差額：a）− b）＝278,223円

⇒高い税率が適用される部分が減るため、もらう年を分けた方がトータルの税額は少なくなります。

さらにこんなことも・・・

パターン 3

個人型の確定拠出年金（iDeCo）に加入。会社の退職金の支払いは65歳の場合

⇒会社の退職金の受給と4年以上の間隔があくようにiDeCoの一時金を先にもらう。

　退職所得控除額の調整がなくなりますので、それぞれ勤続年数（加入年数）に応じて控除額が計算され、税負担が大幅に軽減されます。

パターン 4

60歳後も働く予定の場合

⇒公的年金の支給が全くない60代前半の公的年金等控除額の枠を利用して確定拠出年金の全部または一部を年金受取にして60歳からもらい始める。

　この他にも退職金・確定拠出年金の額や加入歴、60歳以後の就労予定と見込給与の水準等ライフプランにより、様々な選択肢があります。将来の家計に大きく影響しますから、慎重に検討しましょう。専門家に相談する場合は年金・退職金税務に詳しい税理士やファイナンシャルプランナーを選びましょう。

独立・自営の基礎知識

定年で会社員生活にピリオドを打ち、特技や人脈を活かして独立しようと考えている人もいることでしょう。自営業者となれば営業活動だけでなく、それまで会社の総務部や経理部がしていたことも仕事の一部となります。どこがどう変わるのか、万全の準備をして臨みましょう。

税金は？

一番気になるのが税金のことだと思います。税務申告をきちんとできるようにするということは、営業成績をきちんと把握し、それに向き合うということに他なりません。経営の一部と考えて前向きに取り組んでください。

取引記録の記帳が必要

個人事業の所得は**事業所得**に区分されます。所得とは**利益**に近い意味の用語で、売上や報酬などの収入からそれを得るためにかかった必要経費を引いて計算します。正しく計算するために、事業者には取引の記録を記帳しておくこと、確認ができるようにそれを整理して保存することが義務づけられています。

記帳は複式簿記の方法によるのが望ましいとされています。初めて耳にする人もいるかもしれませんが、自分でこの方法で記帳することにより経営に必要な様々な気づきが得られます。まずはマンガでいいですから薄い解説本を1冊購入してどのようなものかを勉強しましょう。

申告は「青色」一択

開業すると税金について、よく「青ですか、白ですか」と聞かれることになります。

青色申告とは、一定の帳簿を備えて記帳し、その記録に基づいて確定申告を行う制度です。青色申告にすることによって

- **10万円または最高55万円(e-Taxの場合65万円)の青色申告特別控除を受けることができるので節税・節保険料になる。**
- **家族に青色事業専従者給与を払うことができる。**

といったことや、有利な減価償却方法を選択できるなど、税額に直結するメリットを得ることができます。

白色の方が記帳や申告が簡単という声もきかれますが、白だから記帳しなくていいということではありません。青色申告は節税の基本です。会計ソフトもたくさん市販されていますから、ぜひ開業初年から青色申告にチャレンジしましょう。

事業を始めるにあたっては税務署等への届出があります。青色申告の届出は期限(その年の3月15日または開業から2カ月以内の遅い日)を過ぎると翌年からの適用になりますのでご注意ください。

●税務署へ提出する主な届出●

【共通】
開業届
【該当する場合】
青色申告承認申請書
青色事業専従者給与に関する届出書
給与支払事務所の設置届
適格請求書発行事業者の登録申請書(消費税)

消費税について

個人事業者は前々年の売上が1,000万円を超える場合に消費税の課税事業者となるのが原則です。そのため開業直後2年間は消費税は免税という理解でOKでした。しかし、令和5年10月から消費税のインボイス制度が導入されたことにより、インボイス発行事業者の番号が入った領収証とそうでない領収証の取扱いが、領収証を受け取った側で変わることとなりました。事業者間(B to B)取引だと取引先の方からインボイスの発行事業者になって欲しいと言われるかもしれません。また、一般消費

者相手のサービスであっても、料金に消費税を上乗せする場合はインボイス番号がないとお客さんが納得しないと思われます。

インボイス発行事業者になるためには課税事業者になる必要があります。仕事によってはスタートから消費税がかかってくることも考えておかなくてはいけません。

その他

業種により一定の調整後の所得が290万円を超える場合、個人事業税がかかります。所得税の確定申告は住民税の確定申告をかねていますので、住民税の申告は特別な場合を除いてありません。

> 士業やコンサルタント業、講師、演奏、製作関連他、フリーランスの仕事のほとんどは報酬の10.21％（100万円以上は20.42％）が源泉徴収されます。源泉徴収された税金は確定申告し、本来の税額との差額は納付または還付されます。

年金は？

退職により厚生年金の被保険者資格を喪失するので、年金は収入にかかわらず全額もらえます。年金の本来の受給開始年齢は65歳ですが、60歳まで繰り上げてもらうこともできますし、最長75歳まで後ろ倒しにして年金額を増やすこともできます。

雇用保険は？

会社を退職することで、雇用保険の失業給付が受給可能になります。ただし求職活動と並行して創業準備・検討しているというのが前提で、開業してしまうと失業の状態ではなくなってしまうので届出のタイミング等はご注意ください。年金と雇用保険の両方がもらえる場合は、一方を選択することになります。

開業して仕事を始めても雇用保険の被保険者にはなりませんから、雇用継続給付はもらうことができません。

おひとりさまの心得帖

今や都市部では男性の3人に一人、女性の5人に一人近くが生涯独身だとか。おひとりさま向けのサービス・商品も充実していて、自由なシングルライフに満足している人も多いことでしょう。ただ、シングルならではの問題、シングルにより強く出てくる問題もあります。

シングルは全てが自己責任。何でも自分で決められますが、自分で決めないことには何も動きません。いずれ年をとってリタイアし、健康・体力・判断力に不安が出てきたときのことを考えてあげられるのは今の自分だけです。遠い先の話と思える今のうちに、心構えをもって道筋をつけておくことが大切です。

心得 その1 データをうのみにすべからず　自分のことは自分のデータで考える

自由にお金を使うことができ、それを咎める家族もいないため、貯蓄について無頓着な人が少なくありませんが、退職後はそれでは不安です。年金がいくら、生活費がいくらという数字がいろいろな媒体から流れてきますが、これらはおうおうにして夫婦世帯をモデルにした平均値。シングルにはまず、あてはまらないと思った方が無難です。

自分のことは自分のデータで考えなくてはいけません。セカンドライフ、いくら入ってくるのか、いくら使うのか、いくら準備しなくてはいけないのか。貯める時間がある今のうちにざっくり把握しておきましょう。

お金のデータ：おひとりさまの傾向と対策

年　金	生活費
傾向 世間に出回るデータの多くはサラリーマン世帯・夫婦合算の国のモデル年金額。おひとりさまの参考にはなりません。	**傾向** ライフスタイルにより支出額には大きな開きが。生活全般に外部サービスに頼りがち・多趣味・外向的な人は夫婦世帯より高支出になっているかもしれません。
対策 加入歴に基づいた正しい金額を試算してもらい具体的な年金額を把握しておきましょう。会社の年金やiDeCoなどがある人はそちらも忘れずに。年金はリタイアした後の経済の柱です。不足を感じたら対策を早めに。 ➡ ・iDeCoの加入・掛金の増額 　・個人年金への加入や金融資産の年金化 　・年金の繰り下げ受給 　・退職金の年金受取り	**対策** 現在、何にいくら使っているか、金額と内容の把握からはじめましょう。リタイアしたら必要なくなる支出をのぞいて出てきた金額が年金の範囲内におさまっていればとりあえずOK。オーバーしているなら、お金の体質改善が必要です。趣味や交際費なら予算枠を設定する、衣食住に関連することなら、自分でできることや節約できることはないかを考える。60ページ「支出を見直す」を参考にしてください。

心得 その2 住まいを重視すべし　生活環境・安全・経済のこと

立地＝買い物や医療機関へのアクセス、構造＝自然災害や家庭内事故防止への配慮を含めた安全性、経済＝コスト・資産の面から高齢期の住まいとして適切かを考え、問題を感じたら対策をとらなくてはいけません。住み替えを伴うものはお金もかかります。気力・体力があり、経済的にも余裕がある間によく検討の上、遅くとも70歳までに解決すべくタイムスケジュールを決めて実行しましょう。

賃貸の場合、経済面では年金から家賃を支払い続けることができるかが問題ですし、住替えをする場合、保証人をどうするかも考えておかなくてはいけません。持ち家の場合、その家を貸したり、売却したり、担保にしてお金を借りるなど、財産としての活用も考えられるでしょう。マンションだと古くなっても居住性が維持されるよう管理がきちんとされているかというのもポイントになります。

●住まいを資産として活用する

現在の住まいが持ち家であり誰に残す必要もないという状況は、ある意味、おひとりさまの強みとも言えます。不動産は立派な資産。そのまま住み続ければ家賃がいらないというのもメリットですが、より積極的に活用することで今の自分のために使える資産となります。

スタンダードな方法は、売却と賃貸。自宅をコンパクトにする、施設に入所する、あるいは地価の高い都会から安い地方に住み替えるといった場合に有効です。最近では住み続けながら住まいを財産として活用してキャッシュを得る方法として、リバースモーゲージ・リースバックといった方法が少しずつ広がっています。

▶リバースモーゲージ

自宅を担保に毎月の生活費を借り、死後に自宅を売却して返済するしくみです。

▶リースバック

自宅を売却して資金を得、売却した自宅に家賃を払いながら住み続けるしくみです。

どちらも取り扱っている金融機関によりしくみや条件は違い、どんな物件でも利用できるというわけではありませんが、家を残す必要のない人の選択肢となりうるかと思います。

施設という選択肢も視野に入れて

今後、要介護状態になったら施設に入り、そこが終の棲家となるというケースが増加するものと思われます。一人住まいの場合、その時期が同居家族がいる人より早く来る可能性大でしょう。いまの住まいを長く安全・快適に住み続けられるものにしたとしても、その後にもう一度引っ越しがある前提で、どういう施設があるか、選び方、費用、介護保険などについて知識を持っておきましょう。

 心得 その3 法律の知識をもっておくべし　　病気・介護・相続

単身者にとっての一番の問題は、病気やケガ、加齢に伴い自分のことが自分でできなくなったときのことです。意思能力がしっかりしていれば身近な人間関係に頼ることもできるでしょうが、それでも他人ではどうにもできないこともあります。さらに自分の意思が示せなくなると家族でなくては病室を見舞うこともままならないということも起こりえます。

そして本当の最後には、残ったものの片づけと引継ぎを誰かにしてもらわなくてはいけません。こうしたことに対して法律がどのように関係するのか十分理解しておく必要があります。

●知っておきたいサービス・法律用語

終活という言葉が広がり、この分野に進出する専門家、団体、法人、個人が増えています。選択肢が増えるのはいいことですが、サービスの内容や料金は千差万別です。いざというとき、誰 or どこに・何を・どの程度まで託せるのか、料金はどうなるのか、そうしたことに関心を持ってリテラシーを高めておきましょう。

▶身元保証サービス

一人暮らしの高齢者などが賃貸住宅に入居したり、入院や介護施設に入所するとき必要な身元保証人の役割を引き受けてくれるサービスです。サービスの内容は事業者により異なります。事前の確認に沿って医療機関に手術の同意や延命治療の諾否を本人に代わって伝えるといったことをしている事業者もあります。

▶任意後見契約

認知機能が低下して自己決定が難しくなったときに備えて、あらかじめ任意後見人と介護保険の手続きなどしてもらいたいことを契約しておく制度です。認知症等になってから成年後見人をつけるよりスムーズに後見に移行できるのと、希望に沿ったサポートを受けられるのがメリットです。

任意後見契約は法人・個人を問わず誰とでも結ぶことができます。ただし十分な信頼がおける相手を選ぶことがとても大切です。

▶死後事務委任契約

亡くなった後の諸手続き、葬儀、埋葬などについて代理権を与えて死後の事務を頼んでおく契約です。まだ、あまり知られていませんが、これからいろいろなバリエーションが出てくるものと思われます。最後のことが不安なおひとりさまは要チェックです。

定年後のライフプラン。これまでとの違いと考え方

　この章では会社員の人たちに苦手意識の強い年金や介護・健康保険などの公的制度についてとりあげました。ひとつひとつの選択が定年退職後の経済に直接影響します。ポイントとなるところをおさらいします。

定年退職後はすべて自己責任

　定年までは給与はある程度の水準が保たれていましたが、定年を境に条件がリセットされます。仕事の内容、所定労働日数・時間、給与、契約期間など複数の条件が示され、何を選択するかによって社会保険・雇用保険加入の有無やそれにより年金や雇用保険からの給付にも違いが出てきます。

　選択によりどこにどのような違いが生まれるのか。今まであまり意識することなくきた税金や社会保険制度への理解が必須。しかもすべて自己責任です。

　人生100年と考えると60歳は道のりの3分の2にも達しません。残る3分の1をしっかり生きていくには、自ら情報を求め、考え、選択するという意識が強く求められます。

今、決めなくてはいけないこと。後で、決めればいいこと

　経済面でまず考えなくてはいけないのは退職金の受け取り方です。一時金と年金、あるいはその組み合わせが選択できる場合がある場合、受取りの総額は年金の方が多くなりますが、年金は公的年金等の雑所得として受取期間中課税され、それが健康保険料や医療費の自己負担割合に影響します。そうしたことを踏まえた上で、どうするのが一番いいのか。完全リタイア後・リタイア前で仕事を続けている期間など複数のポイントで試算した上で決定しましょう。

　一方、慌てて決めない方がいいのが国の年金の受給開始のタイミングです。65歳になる少し前に裁定請求のための書類が届きます。このとき受給の手続きをとると年金は65歳支給開始となりますが、65歳を過ぎても働き続ける場合、給与によっては全部・または一部がもらえないかもしれません。一度、もらう手続きをしてしまうとその取り下げはできず、もらえない年金はもらえないままです。給与だけで生活できるのであれば、その間、手続きはせず、退職して年金が欲しくなったときに、65歳からの分をまとめてもらうのか、その時点まで繰り下げて増えた年金を生涯にわたってもらうのかを決めることも可能です。これはその時の仕事と経済状況と気力・体力・健康状態次第。そうした選択肢もあるのだということを念頭においておきましょう。

第3章

家計を見直す

2,000万円問題は解決？
退職後の生活費と貯蓄

老後、年金だけでは生活費が不足し、その金額は2,000万円になるという金融審議会の報告書に国会が騒然となったのは記憶に新しいところです。実際はどうなのでしょう？　データから考えましょう。

そもそも2,000万円とは？

"2,000万円"は、総務省の家計調査（2017年）のうち夫65歳以上妻60歳以上の高齢無職世帯のデータから、次の3つの数字を使って計算されました。

収　入	(1ヵ月) 209,198円
支　出	(1ヵ月) 263,717円
夫の寿命	95歳

263,717円−209,198円 　×　 12ヵ月 　×　 95歳−65歳 　≒　 **2,000万円**

1ヵ月の生活費の不足額　　年間額　　夫が亡くなるまでの年数

データ1は2022年の夫婦高齢者無職世帯の数字です。毎月5万円以上あったはずの1ヵ月の収支の赤字は22,270円に縮小しています。65歳以上で働く人が増えた、コロナ禍で外出が減ったなど要因はいろいろ考えられますが、同じ算式で計算した金額は2,000万円から約802万円へと大きく減りました。

数字の内訳をみると大きく増減したものはありません。少しずつの違いでこれだけ結果の違いが生じるということです。家計の見直しも同じこと。小さなことの積み上げがいかに大切かということです。

■データ1 **夫婦高齢者無職世帯の家計収支（65歳以上の夫婦のみの無職世帯）**

不足分 22,270円

収入 246,237円

| 社会保障給付 220,418円 | その他 25,819円 |

支出 268,508円

| 食料 67,695円 | 住居・光熱 38,345円 | 交通・通信 28,877円 | | | 交際費他 49,469円 | 税金他 31,812円 |

家具・衣料 15,385円　　保健医療 15,622円　　教養・娯楽 21,303円

※厚生労働省「家計調査年報 2022年（令和4年）」

当事者である高齢者はどう感じているのでしょうか。内閣府が経済的な暮らし向きを訊ねた調査によると約3分の2の68.5%の人は「全く心配ない」「それほど心配ない」と回答（データ2）。65歳以上で1,000万円以上の貯蓄がある世帯の割合は62.7%（データ3）と、この割合をやや下回るというデータとあわせて見ると年金暮らしになっても1,000万円程度の貯蓄があればさほど不安なく生活できると考えることもできそうです。

■データ2 **65歳以上の人の暮らし向き**

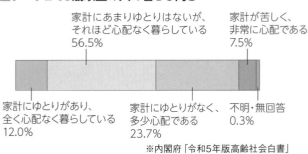

家計にあまりゆとりはないが、それほど心配なく暮らしている
56.5%

家計が苦しく、非常に心配である
7.5%

家計にゆとりがあり、全く心配なく暮らしている
12.0%

家計にゆとりがなく、多少心配である
23.7%

不明・無回答
0.3%

※内閣府「令和5年版高齢社会白書」

■データ3 **貯蓄現在高世帯分布（65歳以上の世帯）**

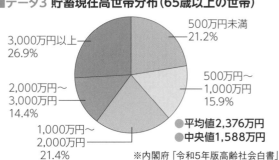

3,000万円以上
26.9%

500万円未満
21.2%

500万円～1,000万円
15.9%

2,000万円～3,000万円
14.4%

1,000万円～2,000万円
21.4%

●平均値 2,376万円
●中央値 1,588万円

※内閣府「令和5年版高齢社会白書」

「私の場合」を考える

お金事情は様々ですが、老後資金の考え方は基本的に同じです。自分の場合はどうなのか、 収入 ・ 支出 ・ リタイア後年数 を第1章で確認した自分のデータに差し替えて計算しましょう。

収入

データは自営業者など年金額が少ない世帯も含めた平均額です。会社員は厚生年金がありますし企業年金基金等の上乗せ年金や確定拠出年金がある人もいるでしょう。夫婦であれば配偶者の年金もあります（☞9ページ）。

より長く働けばそれを反映して年金額は増えます。長生きに備えたいなら繰り下げ受給という方法も。収入データの「その他」は就労や個人年金によるもので、伸びしろの大きい部分です。

↓

国と会社の年金・配偶者の年金の見込み額その他の収入の合計に

支出

支出はライフスタイルを反映するため、家計によって数倍の開きがあります。しかし現在の支出額とかけ離れていても、子どもの教育費のようにやがてなくなるものも少なくありませんし、リタイアして環境が変わればお金の使い方も変わります。

この章では具体的な支出の見直しの方法をとりあげました。データ1の支出の内訳と自身の家計を比較して開きが大きい費目に重点をおいて、何をどのように改善したらいいかを考えましょう（☞13ページ）。

↓

見直し後の支出の金額に

●リタイア後の期間

報告書はリタイア年齢を65歳、寿命は人生100年時代を見据えて95歳、リタイア後の期間を30年としました。リタイア年齢は自分で決められますが寿命の方はわかりません。5ページの「人生、100年？」によると、だいたい2人に1人が到達する年齢は男性85歳・女性90歳です。健康長寿を目標におきつつライフプラン上は、夫85歳・妻90歳までの期間のうち長い方と考えておけばいいのではないでしょうか。

●ライフイベント費用

データには特別な支出は反映されていません。一度きりの人生。やりたいこと・やらなくてはいけないことの取りこぼしがないように、まとまったお金が必要となりそうなことはスケジュールをたて、予算化して、それも含めて貯蓄計画をたてましょう。

●現在の貯蓄額と退職金の見込み額

これらは既に準備済みですから、これからの貯蓄目標額からは除きます。

貯蓄目標・私の場合

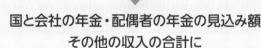

{将来の年金見込額（月額） − 将来の支出（月額）} × リタイア後の月数
＋ ライフイベント費用 − 現在の貯蓄額と退職金の見込み額

住宅コストを見直す

マネープランで大きなウエイトをしめるのが住宅です。住宅ローンの見直し、リフォーム・住み替えなど住宅は何をするにもまとまった資金が必要です。生活の舞台となるところだけに、早めの気づきと対策が求められます。

住宅ローンを見直す

住宅ローンと家賃の一番の違いは、ローンは取組によって負担を軽くすることができ、やがてゼロになる日がくるということです。収入が年金だけになってからローンの返済に苦しむことがないように、住宅ローンを見直しましょう。

● 借換えと繰上返済

ローンの見直しにはこの2つの方法があります。どちらを選ぶかはローンの状況によります。

借換え	●もとのローンを一括返済して新たなローンを組むことです。 ●金利自体を下げることができます。 ●登記や保証料、手数料など数十万円の費用がかかる場合があります。
繰上返済	●まとまった資金でローンをまとめて支払うことです。 ●手数料はかかる場合でも数千円程度です。無料の金融機関もあります。 ●返済期間を短縮する「期間短縮型」と毎月の返済額を軽減する「返済額軽減型」があります。

● 変動金利の住宅ローン

日銀のマイナス金利政策がついに解除されました。最近、住宅ローンを利用した人の約7割が金利が低い「変動型」を選んでいます。変動金利の基準となる短期プライムレートが2009年からずっと変わらなかったため、住宅ローン金利は金融機関の優遇幅の拡大合戦で最近のものになるほど低い金利が適用されているようです。日銀が金利を引き上げたことで短期プライムレートに影響を与える短期の市場金利の上昇が見込まれます。

•金利の見直しは半年に1回・5年ルール&1.25倍ルールあり

一般的に変動の住宅ローン金利の見直しは半年に1回、金利が上昇しても5年間は毎月の返済額がかわらない5年ルールと6年目以後も返済額は当初の1.25倍を上限とするという1.25倍ルールがあります。そのため金利があがったからといって、いきなりたいへんなことになるわけではありません。

•金利プランの変更

超低金利時代に入ってから組んだ変動金利型の住宅ローンは、途中で金利プランの変更が可能なものが主流です。金利の上昇に不安を感じる場合、丸ごと借換えという選択もありますが、もとのローンで金利プランの変更ができればコストはかかっても数万円程度ですみますし、手続きも簡単です。まず自分が利用できるプランと新しいプランの金利が何パーセントなのかを調べてみましょう。

•選択は冷静に

変動金利は上昇の可能性はあるものの、長期の固定金利を追い抜くほど上昇するには至らないかもしれません。超低金利に入る直前、金利が急上昇しそうな気配があったことがあり、たくさんの人が低い変動金利のローンをわざわざお金をかけて高い固定金利のローンに切り替えました。しかし、実際にはその後金利は下がり続け今に至っています。金利は、様々な要素で変動します。関心を持って情報をフォローし、いたずらに不安になるのではなく、よく考えて、冷静に判断しましょう。

賃貸の場合

賃貸であれば、住み続けられなくなるリスクがあることも念頭に入れておく必要があります。

● 家賃や更新料を支払い続けられるか
● 将来、想定以上に家賃があがることがないか
● 建物を家主は適切にメンテナンスしてくれるか
● 家主側の事情で住めなくなることはないか

● 高齢になってから転居が必要になったとき、次の住まいがスムーズにみつかるか

思い切ってこれから住宅を購入するという選択もありえます。その場合は慎重な資金計画と高齢になって住み続けられることを主眼に置いた住まい選びが大切です。

持ち家の場合

持ち家は、住宅ローンがなくても固定資産税や修理費用など維持・管理にお金がかかります。マンションの管理費や修繕積立金は、古くなるにつれて高くなるのが一般的ですから、それを見込んでおかなければなりません。

大きな自然災害の多発を思うと、火災保険・地震保険も削ることのできないコストです。

● 終の棲家になりますか?

高齢になると家の中の階段や段差、駅やスーパーまでの距離等今まで気にしていなかったことが住みにくさにつながります。寝たきりにつながりかねない家庭内の転倒事故、建物の構造や立地による防災上の危険まで考えると、住宅の問題は命の問題といっても過言ではありません。

今の住まいは果たして終の棲家になるでしょうか。

| 立地 | 車なしでも買い物や通院ができるか。子どもや友人にすぐに会えるか。災害の危険はないか。 |
| 構造 | 階段を上がらずにワンフロアーで暮らせるか。段差など危ない箇所がないか。自分や家族が感染症にかかったとき、隔離できる部屋があるか。防火や耐震性に不安がないか |

転居やリフォームはお金だけでなく体力と気力が必要です。今の住まいに不安を感じる要素があるなら早く具体的な検討を始めましょう。

リフォームで安心・安全・快適な住まいを

子の住宅取得を援助したい、家をリフォームして安心安全を得たいといった希望をお持ちの人もいることでしょう。住宅についてはいろいろと税の優遇措置や補助金が設けられています。

◆ 住宅取得資金の贈与税の非課税

子や孫に住宅取得資金を贈与した場合、受贈者(もらった人)一人につき下記の金額まで贈与税が非課税となる特例です。必ず贈与税の申告をすること、新耐震基準を満たす住宅であることなど適用要件の詳細の確認をお忘れなく。

良質な住宅用家屋	1,000万円	震災特例法の場合は500万円の上乗せあり
上記以外の住宅用家屋	500万円	

良質な住宅とは ①省エネ性能 ②耐震性 ③バリアフリー性のいずれかが高い住宅をいいます。

◆ 住宅金融公庫のリフォーム融資(高齢者向け返済特例)

住宅金融公庫では満60歳以上の人が一定の基準に適合する段差の解消や手すりの設置といった部分的バリアフリー工事やヒートショック対策工事、耐震改修工事を行う場合に毎月の返済は利息のみとし、元金は申し込んだ人が亡くなったときに相続人が売却・自己資金等で返済する高齢者向け返済特例の制度があります。

これを利用しない場合も認定耐震改修工事を行う場合、低い金利のローンを利用できる場合があります。

生命保険を見直す

保険のニーズはライフステージによってかわります。「今まで」と「これから」の違いを考えると、見直しのポイントが明確になります。

死亡保険 保障ニーズの変化にあわせて

現役の生計の担い手が死亡した場合の経済的な損失は数千万円から億になろうかという金額で、とても貯蓄で備えられるものではありません。しかし子どもが巣立ち、年金をもらう年齢に近づいてくると事情が変わります。

【今まで】
- 子どもの教育費や家族の生活費で1億円以上の金額が必要
- 遺族年金や退職金はあるが金額は不十分
- 子が大学生になると遺族基礎年金がなくなる
- 妻の再就職には時間がかかりそう
- 貯蓄が少ない

【これから】
- 子どもは就職して、今後については心配なし
- 妻もパート程度の収入がある
- 貯蓄がある程度できた
- 万一があっても年金と退職金、貯蓄で妻の生活は何とかなるのでは

●見直しのポイント

質問:死亡保険に加入している目的は何ですか?

子どもの教育費 家族の生活費	死後の整理費用 妻の生活費 遺産分割・相続税対策	思い浮かばない
Aへ	**B**へ	**C**へ

A 大型保障が必要な期間・金額にあった保険を選択

保障を確保しつつ、保険料を減らすことができないか検討しましょう。必要保障額が時間の経過とともに減っていくのにあわせて保障額を減らし無駄な部分を削ることがポイントです。

●定期保険を減額する
加入から5年以上経っている場合は、この間に保障額が減って保険が掛け過ぎになっていないか確認しましょう。保険金額が大きすぎる場合は、適正な金額に減額します。

●短期の保険を更新していく
定期保険は期間が短くなるほど保険料が少なくなります。新規に加入する場合は、5年・1年といった短期間の定期保険を保険金額を減らしながら更新していく方法もあります。

●収入保障保険を選ぶ
収入保障保険(名称は家族収入保険、生活保障保険など各社異なります)とは、被保険者が死亡した場合、生きていたらある年齢に達するまで、家族に年金の形で保険金を支払うというものです。50歳の人が70歳までの間に死亡した場合に家族に月10万円を支払うという契約の場合、加入直後に死亡した場合の受取り総額は10万円×12ヵ月×(70歳−50歳=20年)=2,400万円。それが65歳になると10万円×12ヵ月×(70歳−65歳=5年)=600万円というように保険金額も下がっていくため、保険料を抑えることができます。

B 終身保険に加入

生命保険金は受取人に確実に支払われること、相続税で一定額が非課税となることなど、遺産分割や相続税の心配がある人には大きなメリットがあります。必ず一定額以上のものを残したい場合は、保障が終身途切れることがない終身保険に加入します。

C 死亡保険は卒業

これからは自身の老後資金づくりに振り向けましょう。

医療保険 貯蓄で備えるという選択も

【今まで】
- 急な医療費の支払いで貯蓄を崩すのは不安
- 仕事ができないと収入が減る
- 若いので保険料はリーズナブル

【これから】
- 病気になっても年金はもらえる
- 年金生活で保険料を負担したくない
- 自宅療養や介護などで役立つか心配
- 在院日数は短縮傾向。短期間の入院なら貯蓄で何とかなりそう

●見直しのポイント

次の金額を計算してみましょう。
- 1年に支払う保険料÷入院給付金日額
- これから支払う保険料の金額÷入院給付金日額

入院や手術の際の支払いができれば保険は必要ありません。1年に何日入院すれば、保険料のもとがとれるのか。この先、いくら保険料を払って、それは入院給付金の何日分にあたるのか。入院日数は短縮される傾向にありますし、老後の不安は医療費だけではありません。保険で備えるのか、オールマイティの貯蓄を充実させるのか。カラダと相談しながら考えましょう。

個人年金 生活設計をたてやすいのがメリット

●すでに入っているものは

平成の初め頃に入った個人年金は予定利率が高く、受取り額が支払った保険料の倍以上になる「お宝保険」です。もらえるようになるまで加入を続けましょう。

●これから加入するなら

受給開始までの期間が短いため保険料は高くなりますが、一時払いや前払いを利用することで支払総額をおさえることができます。

金融機関は退職金をターゲットにして、外貨建ての年金や運用成果により年金額が変動する変額年金を盛んに進める傾向があります。こうしたものは必ずリスクが伴います。いざというときに値下がりしていては困ります。大切な老後資金ですから、増やすことより守ることを重視して、このような商品は避けましょう。

介護保険 バリエーション豊富。内容をよく確認して

民間の介護保険商品はバリエーションが増え、介護も保険で備えるという選択肢が生まれています。どのような状態になったら保険金が受けられるのか、介護に該当しないまま死亡した場合はどうなるかなどをよく確認し、保険料とのバランスを考えて検討しましょう。

30年間、入りっぱなし。さあ、どうする?

20代のとき、保険の外交員に勧められるままに加入して過ぎること約30年。そういう保険があったら保険証券の確認を。意外な財産になっているかもしれません。

◎養老保険

満期金がいつ、いくらもらえるのか確認しましょう。

◎終身保険

予定利率が高かった頃に加入した終身保険は、解約返戻金が百万円以上あり、それを年金受取りにできる場合があります。転換を勧められることがよくありますが、転換するとせっかく貯まったお金が保険料にあてられてしまうので、大型保障ニーズがない限りお勧めしません。

医療特約がついている場合、払い込み満了時にその後の特約保険料を一括払いしなくてはいけないものがあります。特約保険料が入院給付日額の何日分にあたるかを計算し、保険料を払うかそのお金を貯金しておくかを検討しましょう。

支出を見直す

お金の使い方はその人の生き方をストレートに反映します。お金の使い方の見直しは、生き方の見直しといっても過言ではありません。

見直しのレベルは現状の生活をそのままに支出が削減できるちょっとした工夫やコツから、意識・行動を変える大改革までレベルは様々です。

年金で生活できる家計であれば、長生きは恐くありません。要はやるか・やらないかです。

レベル1：利息を削減する

利息や手数料がかからない買い方をしましょう。基本は現金・デビットカード、クレジットカードを利用する場合は利息のかからない2回払いまで。リボルビング払いは15.00％（ショッピングで利用する場合）というたいへんな高金利。毎月の返済額が一定でも、利用するたびに返済期限が延び、利息が膨らんでいきます。今後の買い物にリボ払いは使わず、既に利用した分はできるだけ早く返済してしまいましょう。

さらに危険!

クレジットカードで20万円をキャッシング。それを元金1万円ずつリボ返済した場合 ➡ 返済回数20回（1年8ヵ月）・支払総額233,820円！

レベル2：固定的な支払・高額商品の購入を見直す

少しの手間と工夫で支出を減らせます。

● **固定費を見直す**

携帯電話、インターネット、電気料金などの契約を見直して固定的な支出を下げる。

● **高額な商品を安く購入する**

日頃の節約努力がたった1度の大きな買い物でだいなしになります。1,000円の半額より1万円の1割引、10万円の5％引の方が効果大。高額なものの購入は情報収集を怠りなく。

● **高額な商品の買換えサイクルを長くする**

車や大型家電など大きなものは、あと1年待てないか考えましょう。1年たてば今の最新のモデルが値下がりしているかもしれませんし、同じ値段でもっといい物が買えるかもしれません。

レベル3：ラテマネーを減らす

ラテマネーとは、何気なく使っているお金を習慣的に立ち寄っているコーヒーショップのカフェラテになぞらえた表現です。カフェラテ1杯300円でも、夫婦それぞれの300円が積み重なると1年で21.9万円・10年で219万円になります。

3日でいいですから何にいくら使ったか、支出をすべてチェックしてみましょう。なくてもいいかも、と思ったらそれがあなたのラテマネー。まず、それを意識することから始めましょう。

ラテマネーの発生場所

クレジットカードの明細、交通系ICやスマホ決済の取引履歴、お財布にたまったレシートを集めてみましょう。

頻繁に出てくるお店、何を買ったか全く思い出せない記録があるはずです。ラテマネーはそうしたところに潜みがち。削減の第一歩として、まずお金の足跡を確認する習慣を身につけましょう。

レベル4：意識・行動を変える

お金が貯められないということは、たくさんのお金を使っているということです。そうした支出体質そのままに年金生活に入ると、年金では足りず、貯金も少なく経済的に苦しい状況に陥ります。

貯められない原因は日々の暮らしの中にあります。暮らしを変える大改革ですが、支出の「縮みしろ」も大。節約のためではなく、生き方&行動改革への挑戦という意識を持って取り組んでみませんか？

● 車：所有から利用に

公共の交通機関が利用できる都市部に住んでいるのなら、車は大きなテーマです。

車は車自体の購入費、車検や保険、駐車場を借りていれば駐車場代と所有しているだけで相当のお金がかかります。また、ちょっとした距離でもつい車を使ってしまうことで運動不足になったり、車で買い物に行くことでつい買いすぎてしまうということもあるのではないでしょうか？

車が必要なときにはタクシーやレンタカーがありますし、カーシェアリングも広がっています。所有からニーズにあわせた利用へと発想を転換してみませんか。

● 食：外食➡中食➡自炊&家食に

食費は食習慣・ライフスタイルによって大きく違います。総務省の家計調査によると高齢無職夫婦世帯の食費は1か月6.8万円とのこと。夫婦で1日およそ2千円ですが、外食はもちろんコンビニ食でもこれではとても足りません。一方、1日3食、しっかり家庭で料理していれば、2人あわせて1日千円でも工夫次第できちんとした食卓になります。

家庭での調理はお金がかからないだけでなく塩分や脂質などのコントロールがしやすいのもメリットです。現役時代は忙しくて考えもしなかったけれど、いざやってみて料理の奥深さに目覚めたという声も珍しくありません。健康管理・生活の質の向上・セカンドライフの楽しみという観点からも食事改革はお勧めです。

● モノ：スッキリ・シンプルライフを目指す

家の中のモノをじっくり眺めてみてください。ほとんどが、お金を払って購入したものです。目の前にあるだけでも足し算するといくらになるのでしょうか。

モノが多すぎると必要とするモノが見つからない➡持っているはずなのにまた買ってしまう➡モノが増える➡整理するために棚や入れ物を買う➡場所が増えたのでまたそこにモノを入れ、とモノがモノを呼び、そのたびにお金が出ていくという負のスパイラルに陥ってしまいます。

一方、モノが少ないと清々しいというだけでなく、リフォームや住み替えがしやすい、防災上の安全性が高まるといった利点もあります。

インターネットオークションも充実しています。持ってはいるけれど使っていないものはお金になるかもしれません。不要なものは処分し、これから買う物は厳選してスッキリと暮らしましょう。

3章

資産を見直す

今までは資産を作ることが課題でした。これからは、そうやって貯めたお金を「使う」という視点が大切です。お金を整理して見える化し、いつ・何に使うのか、お金の出口戦略を考えます。

お金の見える化

最初にすること >>> 小口の口座をまとめる

【預貯金】 残高はわずかで何年も使っていない、こういう口座は解約してしまいましょう。意外に利息がついているかもしれません。逆に長期間放置していると消えてしまう可能性もあります。

次にすること >>> リスク商品の先行きを考える

これからの資産づくりは安全で換金しやすい商品を選び、既に持っているリスク商品は、数を絞って安全なものにシフトしていきます。

●数を絞るとは

分散投資が過ぎるといざ必要になったときに何からどう換金したらいいのか、判断が難しくなるうえ手続きも煩雑です。「使う」という視点にたてば**小口分散はそれ自体がリスク**です。証券会社等は2〜3社まで。金融商品の数を絞って、**シンプルな状態にし**ましょう。

●株・投資信託、外貨建資産

セカンドライフ資金は何と言っても安全第一です。どんなにそれまでの運用がうまくいっても、リーマンショックのようなことが起こって運用益どころか元本割れが生じることにでもなったら困ります。

値下がりを続けているもので当面、回復しそうにないと思ったら、思い切って売却し、さらなる値下がりリスクを避けましょう。値上がりしているものは、欲を出さず目標を決めてその値段になったタイミングで処分し、安全な金融商品に預け替えましょう。

新NISAについて

NISAとは投資を促進するために設けられた国の制度です。新NISAで使いやすくなりました。セカンドライフは安全第一といっても、80代以降を視野に入れると20年以上あります。生活資金に貯蓄する程度の余裕がある、余裕資金があり値下がりしても大丈夫、価格の変動で一喜一憂しない、この3つが◎なら、新NISAを使ってみるのもいいかもしれません。

●つみたて投資枠と成長投資枠

NISAにはつみたて投資枠（以下**つみたて**）と成長投資枠（以下**成長**）の2つの枠があります。

つみたては積立・分散投資に適した国が定めた要件を満たす長期の積立・分散投資に適した投資信託を、**成長**はこれに上場株式を加えたものが投資対象です。年間の投資上限額は**つみたて**が120万円、**成長**が240万円で、残高合計で1,800万円ですが、**成長**のみの上限は1,200万円です。途中売却するとその枠を再利用することができます。

NISAの口座で取得した投資商品の配当や譲渡益は非課税という税金のメリットがありますが、投資金額の支払いそのものが所得控除されるといったことはありません。また損失が出ても確定申告でNISA以外の口座の譲渡益と通算するといったことはできないという点は注意が必要です。

国の制度といっても投資商品である以上、価格変動のリスクがあることを忘れてはいけません。投資するのはいくらまで、いくらになったら売るといった自分なりのルールを決め、それに沿った運用をしていきましょう。

最後にすること >>> 使い途にあわせて整理する

お金は何にでも姿を変えます。しっかり管理していないと予定外のことに使ってしまうかもしれません。逆に不安感が強すぎてせっかく長い間かけて貯めたお金を使うことができないというのも不幸なことです。使いすぎ・使い損ないの両方を防ぎ計画的に使うために、最初からお金を目的にあった形にしておくことが有効です。

●生活費の補填・日常のゆとり資金は年金受取できるものが使いやすい

年金のプラスアルファとして使うお金は、定期的に生活口座に振り込まれるようにしておくと便利です。毎月いくらと金額を決めて生活口座に入金してもいいですし、定期的に一定額を生活口座に振替えてもらうサービスを利用する、生命保険会社や信託銀行の年金受け取りできる商品を利用する方法もあります。

●ライフイベント資金:目的別に分けて「何に」「いくら」を見えやすく

リタイア記念に長期の海外旅行をするなど、時期や金額がはっきりしているものは、その期間預けて最も有利になると思われる安全な商品を選びます。

子どもの結婚資金や住宅資金は、予算を決めて子どもごとに口座を分けておくといいでしょう。

●使途フリーのお金も確保しておく

予定外の支出に備えたお金もある程度持っておく必要があります。

病気や介護などは保険に加入するという備え方もありますが、保険料のことも考えなくてはいけません。保険に加入するかわりに保険料分を貯金して、そのキャッシュをオールマイティの備えにするという考え方もあります。

番外編 >>> 負動産をお金にかえる

空き家問題がクローズアップされています。

不動産は活用していなくても固定資産税や除草代など維持コストがかかり続けるという難点があり「負動産」とも表現されます。相続で取得したまま空き家となっている家、投資目的で購入したものの

アテがはずれたワンルームマンション。売却しても購入価額とはかけ離れたお金にしかならないかもしれませんが、この先の使い途がみえないのであれば、将来のマイナスをなくし、今のお金を増やすことを選択してはいかがでしょうか。

topic 不動産投資は慎重に

資産運用の手段としてアパート経営のPRが行われています。賃料収入が年金の補填になる、借入金が相続税対策になる、賃料保証があるから空きが出ても大丈夫といったメリットばかりが強調されがちですが、入居者の確保に向こう20年不安がないという物件はめったにあるものではありません。

不動産は持ち主と一緒に年を重ねます。購入直後の築浅のうちはいいものの年をとっていよいよ頼りにしたいというとき、修繕費が膨らみマンションであれば管理費が値上げされ、競争力も落ちていきます。そ

うなると手放すのも難しく維持コストだけがかかるまさに負動産となってしまいます。

不労所得と思ったら大間違い。大家業は立派なプロの仕事です。くれぐれも「お買い得」の物件などに手を出さないようにしてください。

早期リタイアという選択

　社会の空気は、わずか数年の間に65歳までは普通に働く、それを過ぎてもその気になれば仕事はあるという感じに変化したように思います。

　けれど、それでは話が違うと感じている人もいるのでは? これから60歳を迎える人たちが就職したころの定年は55歳。60歳定年が実現したのは1998年のことです。60歳まで頑張れば自由な時間が手に入る。そう思って忙しい毎日に向かってきたのに。そんな声も聞こえてきそうです。

　定年退職で会社員人生には区切りをつけ、完全リタイアする。それが夢だったのなら、どうすれば実現できるかを考えましょう。

　ネックとなる経済面は、「貯める」だけでなく省エネならぬ省カネの「お金の体質改善」が不可欠です。ある夫婦がトライして実現した例をご紹介します。何かしらできること、ありませんか?

ポイント

●住宅ローンの一括返済・車の処分・生命保険の見直しで固定費を削減。

●支出の見直しで生活費を引き締める。

	BEFORE		AFTER	削減額
住宅ローン 住宅ローンの残債 1,200万円を一括返済	毎月返済額8万円	➡	0円	−8万円
生命保険 大型の死亡保障を解約。医療保障は シンプルな共済契約に切り替え	毎月保険料3.5万円	➡	月4,000円	−3.1万円
車 週末にしか乗らない車を処分。 近くにできたカーシェアリングを利用する	駐車場代や保険・車検代 ガソリン代などで月平均 5万円	➡	毎週末2〜3時間程度使 用で月1万円	−4万円
食費 ・毎週末の外食を隔週にして家庭の食事を 　楽しむ工夫をする ・デパ地下の衝動買いをセーブ ・食材の宅配にたよらず、買い物に行く ・料理のレパートリーを増やす	共働きで外食やテイクア ウトの利用が多かったた め月12万円	➡	今のところ月9万円だが 目標は月5万円	−3万円 −7万円
その他 ・ネット通販をセーブ ・クレジットカードを絞っていくら使ったか 　把握しやすくする ・歩く機会を増やし、1キロ以内のバスは 　使わない	ラテマネーは1万円以上 あるのは確か。 引き続き検証を続ける。	➡	目標はゼロ	−1万円 ↓
合　　　計	29.5万円	➡	9.4万円〜5.4万円	−19.1万円〜 −23.1万円

ひとこと 「ムリ」といわずにまず「やってみる」

第4章

リスクと向き合う

早めの気づきが「そのとき」役立つ

介護！ そのとき
～わたしの介護ドキュメント～

○月○日 親の入院［突然、病院から連絡が！］

夫
もしもし…
え？父が入院!?

多くの人が見落としがちですが、介護が必要になってもすぐに介護保険が使えるわけではありません。入院期間は考えているより短いため、不安な点は病院の専門職（医療ソーシャルワーカー★）に相談しましょう。

Point　介護は突然始まる！

介護のスタートは、認知症等を除けば急な病気やケガがきっかけになることがほとんどです。また、疾患等により異なりますが、平均して1ヵ月程度で退院しなければならないため準備期間が足りないケースも多くみられます。

■介護が必要になった主な原因

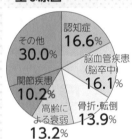

認知症 16.6%
脳血管疾患（脳卒中）16.1%
骨折・転倒 13.9%
高齢による衰弱 13.2%
関節疾患 10.2%
その他 30.0%

■65歳以上の平均在院日数

40.6日	（病院）
33.8日	（一般診療所）

※令和2年 患者調査（厚生労働省）

※令和4年 国民生活基礎調査（厚生労働省）

○月▲日 地域包括支援センターに相談 ［まずは専門家に頼ること］

夫婦
介護が必要になるかも。
でも、どうしたらいいかわからなくて…

担当者
わかりました。
くわしくお聞かせください！

Point　地域包括支援センターとは？

地域包括支援センターは、介護に関して最初に相談する窓口と呼べる施設です。社会福祉士・保健師・主任ケアマネジャーなどの専門職が、実際の手続きや心配なことなど幅広い相談に無料で対応してくれるので、ぜひ頼りましょう。

住所地ごとに管轄が決まっていますが、地域によって施設名が違う場合があるため（「長寿サポートセンター」等）、わからない場合はお住まいの自治体に問い合わせてみましょう。

介護の準備といわれても、まず何をすればいいかわからないのが当たり前です。そんなときに頼りになるのが「地域包括支援センター」。介護に関する情報の宝庫で、さまざまな相談にのってくれるほか、介護保険の代行申請も依頼できます。

用語解説　医療ソーシャルワーカー
入院中の医療費、他病院への転院、退院後の生活などの不安や疑問について相談できるのが医療ソーシャルワーカー（MSW）です。病院によっては「総合相談室」「地域医療連携室」などが設けてあり、そこに在籍しているケースも多いです。遠慮せず話してみましょう。

◎月○日　介護保険について学ぶ［認定を受けてから利用申請する］

妻
これから介護が始まるから、よく知っておかなきゃね

✌Point　介護保険を利用するために

　公的介護保険は、40歳以上は全員が必ず加入しています。65歳以上*の人が介護が必要になった場合、申請して認められればいろいろなサービスが受けられます。その場合の支払いは原則1割（所得によって2～3割）ですが、限度額が設けられており、それを超えた場合は自己負担となります。

　サービスを受けるために必要となるのが要介護認定で、「介護がどれくらい必要か」という程度を表したものです。身体の状態等の調査をもとに判断され、要支援1・2および要介護1～5の7段階に区分されています。

*40～64歳の人は、老化が原因で発症した16種類の「特定疾病」で介護が必要になった場合のみサービスが利用可能です。

　退院後にできるだけ早く介護保険サービスを利用したいのであれば、入院中に要介護認定の申請を行いましょう。不明な点は地域包括支援センターで相談しながら、親の住んでいる市区町村の窓口に申請すれば、原則30日以内に認定結果が通知されます。

　その後は、介護保険のサービスをいつ、どれだけ利用するかの計画表である「ケアプラン」を作成する必要があります。自分でも作成できますが、専門職であるケアマネジャー★に依頼するのが一般的です（自己負担なしで依頼可能）。

		身体の状態（目安）
軽度	要支援1	基本的に自立した日常生活が可能だが、要介護にならないよう一部支援が必要
	要支援2	生活の中で一部介助が必要だが、機能が改善する可能性がある
	要介護1	立ち上がりや歩行が不安定で、排せつ・入浴などで一部介助が必要
中度	要介護2	自力での起き上がりが困難で、排せつ・入浴などで一部または全介助が必要
	要介護3	起き上がり・寝返りが自力でできないため、排せつ・入浴・着替えなどで全介助が必要
重度	要介護4	日常生活の全般で機能低下が見られるため、多くの行為で全介助が必要
最重度	要介護5	介護なしでは日常生活を送ることがほぼ不可能で、意思の伝達も困難

4章

■申請から利用開始までの流れ

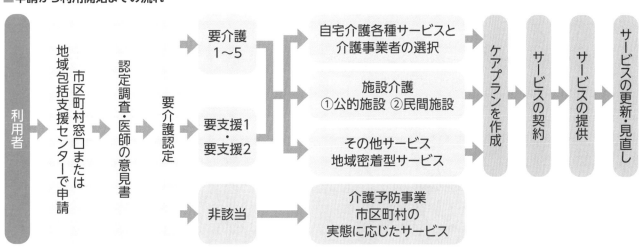

用語解説　ケアマネジャー

　ケアマネジャーは介護の専門家としてサービスの選定・手配・調整などを行ってくれる、頼るべき存在です。ケアプランの作成、サービス事業者や施設との連絡調整、サービス利用料の管理などを行ってくれます。担当のケアマネジャーは基本的に自分で探すことになるので、よく話し合って慎重に決定しましょう。どうしても人間同士のことなので、相性がよくない場合等は変更も可能です。

◎月▲日　職場に相談する ［介護休業などの各種制度を活用］

夫
こういう事情で、
休暇を取ることが増えそうです

人事
支援制度があるから、
所属部署も含めて調整してみましょう

▶Point　介護時に使える制度は 法律で定められている

　国は、家族を介護するために一定期間休業することができる制度を「育児・介護休業法」で定めています。条件にもよりますが、おおよその労働者が対象となるため、担当部署と相談して積極的に利用しましょう。なお、介護休業は仕事と介護を両立するための準備期間としての位置づけであり、介護施設を探すなどの期間もその中に入ります。

　介護が原因で仕事を辞めることにならないよう、法律でさまざまな公的支援制度が定められています。まだまだ利用者が少ないのが現状ですが、会社と相談しながら利用を検討するべきです。また、企業により独自の制度を用意しているケースもあるため、人事に確認しましょう。

■仕事と介護の両立のための公的支援制度

介護休業	対象家族*1人につき3回まで、通算93日を限度として休業できます。休業期間の賃金は基本的に無給となりますが、介護休業給付金として雇用保険から賃金の67%が支給されます。
介護休暇	対象家族1人なら年5日、2人以上なら年10日まで、時間単位で介護休業や年次有給休暇とは別に休暇を取得できる制度です。
時間外労働、所定外労働、深夜業の制限	所定労働時間を超える労働や、深夜（午後10時～午前5時）におよぶ労働が制限されます。
その他	所定労働時間短縮等の措置、配置に関する配慮、不利益取り扱いの禁止など

＊対象家族の範囲…要介護状態にある配偶者（事実婚を含む）・父母・子・配偶者の父母・祖父母・兄弟姉妹・孫

○月×日　周りの環境を整える ［協力者＝当事者を増やし、準備していく］

夫
こんなサービスが受けられるし、
弟夫婦も来てくれるよ。
お父さんはどうしたい？

▶Point　基本はコミュニケーション

　介護を始める前になって、親から「他人の手を借りたくない」「住み慣れた家から離れたくない」と言われて困った…というケースがあるようです。兄弟姉妹や親族などともよく話し合い、介護する側・される側のコミュニケーションをしっかりととりましょう。

　不慣れな介護をやっていくには、自分を含め家族全員が「介護の初心者」という心構えを持つことが大事です。周囲とコミュニケーションをとりながら態勢を整えて、協力してくれる人を増やしましょう。また、自宅の修繕なども必要に応じて行っていきます。

◎月×日 介護スタート ［自分にあわせたサービスを利用する］

それじゃあ行ってくる

行ってらっしゃい！

実際に介護が始まると、想像以上に大変なことばかりだと思います。「介護は自分たちの仕事だ」と抱え込まずに各種サービスをしっかり利用し、介護費用についても、各種制度★が使えないか相談してみましょう。

Point 主な介護保険サービスの種類

訪問
自宅に訪問してもらって受けるサービスです。
　訪問介護　訪問入浴介護　訪問看護
　訪問リハビリテーション　居宅療養管理指導

通い
ワゴン車等の送迎で各施設に通って受けるサービスです。
　通所介護（デイサービス）
　地域密着型通所介護（小規模デイサービス）
　通所リハビリテーション（デイケア）

宿泊
施設に短期間宿泊して受けるサービスです。
　短期入所生活介護　短期入所療養介護

入所
施設に入所して受けるサービスです。
　介護老人福祉施設（特別養護老人ホーム）
　介護老人保健施設（老人保健施設）
　介護医療院

その他
　特定施設入居者生活介護　福祉用具貸与（レンタル）
　福祉用具購入費の支給　住宅改修費の支給など

★月★日 職場復帰 ［自分の人生も、親の人生も大切にする］

介護休業から戻りました。フォローありがとうございます

大変だったな。これからもできるだけサポートするからな

経済的な理由でも、精神的な理由でも、働き続けることは大事です。周りに頼りながら公的・民間サービスをうまく利用し、介護と仕事を両立させましょう。

Point 介護離職を防ぐために

介護のために仕事を辞めると、時間は捻出できるものの、年収は下がり精神的・肉体的にも負担が増すケースが多いというデータがあります。個人により状況は異なりますが、可能な限り在職しながら介護を続けるべきだといえます。

■介護転職者の年収の変化

男性	介護前556.6万円 ➡ 転職直後341.9万円
女性	介護前350.2万円 ➡ 転職直後175.2万円

■介護離職後の変化

				負担が減った	かなり負担が減った	わからない
精神面	非常に負担が増した35.7%	負担が増した30.5%	変わらない16.4%	7.0%	4.1%	6.3%
肉体面	26.6%	36.6%	18.8%	6.7%	5.1%	6.2%
経済面	29.4%	38.2%	23.5%	1.5%		6.2% 1.2%

※厚生労働省「令和3年度 仕事と介護の両立に関する実態把握のための調査研究事業」
明治安田生活福祉研究所・公益財団法人ダイヤ高齢社会研究財団「2014年 仕事と介護の両立と介護離職」より作成

用語解説 介護費用に関する制度　高額な介護費用を軽減するために、以下のような制度があります。

高額介護サービス費支給制度 …高額療養費制度（医療費）と同様に、1ヵ月間に支払った介護サービスの負担額が上限を超える場合、超えた分について支給が受けられます。

高額医療・高額介護合算療養費制度 …同じ世帯内で、1年間に支払った医療費と介護費用の合計が上限を超えた場合、申請により超えた分が支給される制度です。

介護 介護のお金

40代も後半となると親の介護が「まさか」から「いつか」へと現実味を帯びてきます。そのとき問題になるのが費用の問題。いくらくらいかかって、どうやって負担するのか。先のことと思える間から考えておくことが重要です。

いくらかかる？　介護のお金

データでは

介護費用は、初動の段階でまとまった金額が、その後は継続的に一定額がかかり続けるというのが一般的な傾向です。生命保険文化センターが介護経験者に介護期間とかかった費用を尋ねたところ、平均は**介護期間61.1ヵ月・介護の初期費用74万円・月額は8.3万円**という結果でした。ただし、介護費用の月額は全体の約3分の1が5万円未満である一方、10万円以上とする回答も同じくらいあり、実際は在宅介護か施設介護か、要介護度はどれくらいかなど状況により大きくかわることがわかります。

■介護費用（月額）

	支払った費用はない	1万円未満	1万円～2万5千円未満	2万5千円～5万円未満	5万円～7万5千円未満	7万5千円～10万円未満	10万円～12万5千円未満	12万5千円～15万円未満	15万円以上	不明	(%)
令和3年	4.3	15.3	12.3	11.5	4.9	11.2	4.1	16.3		20.2	▶平均 8.3万円

0.0

出典:生命保険文化センター「生命保険に関する全国実態調査（令和3年度）」

興味深いのは、自分や配偶者が要介護状態になったとしたら、という仮定の問いに対しては介護期間181.2ヵ月・一時的な費用234万円・毎月の費用が15.8万円と介護経験者の平均の2倍以上の結果が出たことです。介護に対する経済的な不安感は必要以上に強いということかもしれません。

介護保険サービスの自己負担額は、所得によって1／2／3割。ただし上限あり

公的介護保険のサービスを利用した場合、利用した金額の1・2または3割を自己負担します。負担割合は所得によって決まります。収入が公的年金だけの世帯の場合は表1の通りです。介護保険が利用できるのは要介護度に応じて決められている1ヵ月の上限額（利用限度額）までです。

介護保険の自己負担額が一定額（表2）を超えた場合、超えた分は「高額介護サービス費」という制度により払い戻しを受けることができます。そのため介護保険の範囲内の介護であれば、毎月の介護費はこの金額の範囲内ですみます。

■表1　利用者負担割合

年金収入等*		負担割合
単身世帯	夫婦世帯	
340万円以上	463万円以上	3割
280万円以上	346万円以上	2割
280万円未満	346万円未満	1割

*世帯の年金と年金以外の合計所得金額の合計額。本人の合計所得金額が160万円未満の場合は1割負担。

■表2　高額介護サービス費の負担の上限額

所得区分		上限額
市区町村民税課税	課税所得　690万円以上	140,100円
	課税所得　380万円－690万円未満	93,000円
	課税所得　380万円未満	44,400円
世帯全員が市区町村民税非課税*		24,600円
生活保護世帯		15,000円

*前年の合計所得金額と公的年金収入の合計が年間80万円以下等の個人は上限額15,000円。

介護保険以外にかかる費用

　介護保険は利用限度額を超えて利用することができますが、その場合の超過分や介護保険サービスに付随して発生するデイサービスの食費、施設介護での居住費・日常生活費は自己負担です。もともと介護保険の対象ではないものもあります。要介護者を抱えることで仕事に制約がでたり、生活上の出費がかさむといったことも考えられます。

> **介護保険の対象とならないもの**
> ●栄養食品や宅配弁当　●見守りセンサー　●オムツ
> ●外出のつきそい　●金銭管理
> ●同居家族がいる人の家事援助
> ●遠隔地の家族の交通費　etc

元気な間にしておくべきこと

親のお金が引き出せるようにしておく

　介護費用は親本人のために使うものですから、親が負担するのが基本です。ここで非常に多いトラブルがいざ介護となったとき親のお金が引き出せないというものです。意識を失ったり認知症で暗証番号がわからない、あるいはキャッシュカードそのものを作っていないと家族だといっても銀行は引出しに応じてくれません。万一のときお金が引き出せるよう少なくとも年金が振り込まれる預金口座はキャッシュカードを作ってもらい、その置き場所と暗証番号を聞いておきましょう。

親の年金額を知っておく

　お金の話はしにくいものですが、せめて年金がどれくらいあるかくらいは把握しておきたいものです。

年金は生きている限りもらえますから、介護費用+生活費がこの範囲内におさまっていれば、親自身の年金で持続可能な介護プランをたてることができます。毎年、1月半ばに公的年金等の源泉徴収票が送られてきます。年金は親子世代共通の問題ですから、年金を話題にして源泉徴収票を見せてもらうという作戦はどうでしょうか。

親の考えを聞いておく

　「終活」という言葉が普通に使われるようになり、自分の介護や死について早いうちから考える人が増えてきました。親なりに考えがあるかもしれません。誕生日や新年、結婚記念日など節目をとらえて介護やその費用についてどのように考えているのか、聞いておきましょう。

民間の介護保険を検討するときは

　生命保険の介護保障商品が広がってきました。検討の際の主なチェックポイントは次の通りです。

＊要介護状態の判定と保障対象となる介護の程度

　ほとんどの会社が公的介護保険に連動させていますが、それに各社の独自基準を加えている会社もあります。支給対象も要介護度1以上というところもあれば、3以上としているところもあります。

＊保険金の支払い

　要介護状態になったときに一時金のみが支払われるもの、毎年、年金が支払われるもの、最初に一時金が、その後毎年年金が支払われるものの3つのパターンがあります。さらに年金は一定期間か終身か、早期に死亡した場合はどうなるかといったところも要チェックです。

＊保険料の払込み

　一定の介護状態になったら保険料の払込が免除される、あるいは特約の付加でそうすることができるものがあります。

＊認知症を重点保障する商品も

　認知症は費用が約2倍かかるというデータがあります。それを受けて認知症の場合に一時金・年金を上乗せする特約や認知症による要介護状態のみを保障する商品もあります。

＊　＊　＊

　外出が難しくなれば老後の楽しみとして貯めていたレジャー資金は不要になる、施設に入れば施設への支払いで基本的な生活費はまかなえるなど、介護になったことによりかからなくなるお金もあります。高齢になってからの加入は保険料も高くなります。保険に加入するか貯蓄で備えるかは、よく検討してください。

4章

家族の死 家族が亡くなったとき

　家族が亡くなると、悲しみの中、実にたくさんの手続きをしなくてはいけません。その後の家族の生活に関わってくるものもあります。葬儀が終わって落ち着いたら、まず何をすべきかリストアップするところから始めましょう。

●死亡に関する手続き

届出先	届　出
市区町村の役所	・死亡届（葬儀社に依頼することが多い）　・年金受給者死亡届 ・住民票世帯主変更届（世帯主が亡くなった場合） ・国民健康保険／後期高齢者医療保険／介護保険資格喪失届 ・国民健康保険や後期高齢者医療保険の葬祭費の請求 ・国民年金の寡婦年金や死亡一時金の請求
勤務先	・埋葬費／家族埋葬費（被扶養者が亡くなった場合）の請求 ・労災保険の遺族補償年金／葬祭料の請求（労災による死亡の場合）
年金事務所	・遺族厚生年金の請求
その他	・死亡保険金や入院・手術給付金（生命保険会社） ・弔慰金（加入している互助会・共済会など）

●日常生活に関する手続き
- 賃貸契約・公共料金の支払いなど引き続き利用するものの名義変更
- クレジットカードや亡くなった方だけが利用していた各種サービスの退会手続き

●税金に関する手続き
- **準確定申告**…亡くなった人に所得がある場合。亡くなった日から4ヵ月以内
- **相続税の申告**…亡くなった人に一定額以上の財産がある場合。亡くなった日から10ヵ月以内（76ページ参照）

●特別な場合の手続き
●遺言書の検認
　検認とは遺言書が亡くなった人のものであることを確認する作業です。
　遺言書がみつかったら、遅滞なく**亡くなった方の最終住所地を管轄する家庭裁判所**に検認を請求しなくてはいけません。検認には相続人全員の立会いが原則で、立会えない相続人は委任状の提出が必要です。

　公正証書遺言や、自筆証書遺言で保管制度（75ページ参照）を利用している場合は、検認は不要です。これらは、公証役場に保管されていて、相続人等利害関係者であれば全国どこの法務局でもオンライン検索できます。

●相続の放棄・限定承認
　亡くなった人に債務があるときに検討する必要のある手続きです。相続人としての権利・義務を一切放棄するのが「相続放棄」、マイナスの財産があったときにプラスの財産の範囲でのみ負担するというのが「限定承認」です。相続の放棄・限定承認は**家庭裁判所で3ヵ月以内**に手続きをします。

　ただし、当初は相続人でなかったのに相続放棄があったことにより相続人となった場合や3ヵ月以内に財産が確定せず判断ができないような場合など、法定の相続放棄期限を延ばすことが認められる場合もあります。

相続の手続き

死亡した人の財産はいったん相続人全員の共有物となり、遺産分割協議または遺言の執行という法律上の手続きを経て各相続人に相続されます。不動産や預貯金、有価証券など所有者の名義がある財産は、名義を変更する手続きが必要です。

注意!　銀行への連絡は慎重に

金融機関に死亡の連絡をすると、相続手続きがとられるまで預金が凍結されてしまいます。

まずは戸籍の収集から

相続手続きは、相続人を確定するための戸籍の収集からスタートします。通常、亡くなった人が生まれてから亡くなるまでの一生分と、相続人全員の現在の戸籍が必要となります。

【亡くなった人の戸籍のとり方】

❶亡くなった人の死亡時の住民票（除住民票／住民票の除票）で本籍地と筆頭者を確認します。

❷本籍地のある区市町村の役所に戸籍謄本を請求します。同じところに複数の戸籍謄本がある場合は、相続があった旨を伝え、あるものを全て揃えてもらいます。

❸あわせて、取りよせた戸籍の直前の戸籍はどの役所に請求すればいいか教えてもらいましょう。郵送でも請求できます。各役所に直接お問い合わせください。

※年金の手続きに使う戸籍は、その旨を申し出れば発行手数料がかからない場合があります。

【依頼する場合】

相続人が子と配偶者、あるいは子だけの場合は比較的容易ですが、相続人に子がなく兄弟姉妹や甥姪が相続人になるケースは祖父母まで遡ったより広い範囲の戸籍集めが必要で、専門知識なしでは困難な場合があります。依頼する場合の専門家は司法書士です。税務申告を伴う場合は税理士にも依頼できます。専門家に依頼しても郵送のやりとりなどで全ての戸籍がそろうまで数ヵ月かかることがありますから、早めに手配しましょう。

【法定相続情報一覧図】

被相続人と相続人の関係を一覧にした図面で、不動産や預貯金の相続手続きの際、戸籍謄本の原本一式のかわりに使うことができます。「相続関係説明図」というキーワードでインターネット検索するとテンプレートがあります。それを使って作成した一覧図に戸籍謄本一式を添えて法務局で交付申請すると、登記官が認証文をつけた写しを無料で交付してもらえます。戸籍謄本は一セットだけ準備すれば足りるので、費用の面でも助かります。戸籍の収集を司法書士等に依頼するのであれば、あわせてこれも作ってもらうといいでしょう（司法書士の作成手数料はかかります）。

用語解説

＊戸籍謄本と戸籍抄本
→家族全員が記載されているものが戸籍謄本、その中の一人が記載されているものが戸籍抄本。これらが電算化されたものを戸籍全部事項証明書・戸籍個人事項証明書といいます。

＊除籍謄本
→戸籍に記載されていた人全員が、婚姻・死亡などでいなくなると除籍と呼ばれます。

＊戸籍筆頭者
→戸籍の最初に記載されている人。住民票の世帯主とは異なります。未婚の子や離婚して親の戸籍にもどった人は、父または母のいずれかです。結婚している人は、婚姻時に改姓しなかった人が筆頭者です。

家族の死　相続の基礎知識

相続と相続人

●相続とは

相続とは人の死によって民法で定められた相続人が、亡くなった人の財産を当然に引き継ぐことをいいます。相続人とは、被相続人の財産・債務を引き継ぐ権利をもつ親族のことをいい、誰が相続人になるかは民法で決められています。生前の故人との関わりは関係ありませんし、これ以外の人が相続人になることはありません。

●相続がおこると

亡くなった人のあらゆる財産は相続人の共有物となります。そのため銀行口座、土地や建物、株式などあらゆるものの名義を変更しなくてはなりませんが、そ

のすべての手続きに相続人全員の同意、被相続人との関係を示す戸籍謄本一式（73ページ「法定相続情報一覧図」で対応可能な場合が増えました）、遺言書や分割協議書、印鑑証明などの書類が必要です。身近な人を亡くした直後の不慣れな手続きはただでさえ負担ですが、まして相続人間の関係がよくなかったり、連絡のとれない相続人がいたりする場合、数年にわたる大変な作業になることもあります。

●相続のトラブルを避けるため

基本的な知識を持っておくこと、トラブルが予想される場合は生前に可能な限りの対策をとっておくことがとても重要です。

相続人と相続分

相続人となるのは、配偶者と第一から第三順位の親族です。第一順位は子（死亡している場合はその子）、第二順位は親、第三順位は兄弟姉妹（死亡している場合はその子）で、先順位の親族がいる場合は、後順位の親族は相続人にはなりません。相続分は表の通りです。相続人が第一順位から第二・第三順位へとうつるにつれ、配偶者の取得分が2分の1→3分の2→4分の3と分子・分母とも

に1つずつ大きくなります。同順位の相続人が複数いる場合は、その相続分を均等に分けます。

■相続人と相続分

	配偶者	配偶者以外の相続人
第一順位	1/2	1/2（子）
第二順位	2/3	1/3（親）
第三順位	3/4	1/4（兄弟姉妹）

相続、こんなときどうなる？

配偶者に連れ子がいる　➡　連れ子と養子縁組をすれば、連れ子は子として相続人になりますが、しなければ他人です。長年いっしょに暮らしていても相続権はありません。

父親と先妻の間の子がいるが、会ったことがない　➡　父親が亡くなれば子として同じ権利をもつことになるため、その合意なしに相続の手続きはできません。異母兄弟ですから、もし自分に子どもがいなければ、将来、自分自身の第三順位の相続人になる可能性があります。

相続トラブルを防ぐには

●財産情報をまとめておく

相続手続きの最初の壁は亡くなった方が何をどこに持っていたのか探し出す作業です。

最近ではエンディングノートやこれに類するモノが多数市販されています。自分だけでなく家族にもこうした形で情報を整理しておいてもらうと、相続だけでなくケガや病気、災害などの非常時にも大いに助かります。

●遺言書を作成する

遺産分割の話し合いのとき、お互いの考えをぶつけあったことで気まずくなるというケースが多くみられます。財産を遺した人の考えや気持ちがわかれば、それをもとに話し合いができます。

財産が非常に多い、特定の人に多く相続させたい、問題を抱えた相続人がいる、相続人間にトラブルがあるなどの場合、遺言書は必須です。

一人っ子で未婚。自分に万一のことがあったとき　遺言があれば

両親亡き後は、「相続人不存在」となり財産は国庫に帰属します。遺言があればお世話になった人やこれぞと思う団体に遺贈することができます。

独身の伯母を看取ったとき　遺言がなかったばかりに

Mさんは母といっしょに独身の伯母の最期のお世話をし、葬儀も行いました。母は5人きょうだいで他のきょうだいは既に亡くなっていました。相続人は母だけで、かかった費用は伯母の預金を相続して充てればよいと考えていたところ、9人の従姉妹たちも相続人で全員の印鑑証明が必要だと聞いてビックリ。一人は外国にいて連絡も取れません。3年たった今も預金を引き出すことができず困っています。

第三順位の相続人である兄弟姉妹が亡くなるとその子に相続権がうつるため大人数で複雑な相続になることが往々にしてあります。十分なお世話をしてあげるためにも遺言書を作成してもらう、医療費や葬儀の費用など必要なお金を預かっておくなど、生前の準備が大切です。

自筆証書遺言書保管制度

「自筆証書遺言書保管制度」は、自筆証書遺言を公証役場で形式的な面のチェックを受けた上で預かってもらう制度です。作成した遺言書は法務局で原本が死後50年間管理され、遺言者の死亡後相続人等は法務局で閲覧したり遺言書情報証明書の交付を受けることや、遺言者の死亡が確認できたときに相続人等に遺言書が保管されている旨の通知をしてもらうことができます。検認も不要で、料金は3,900円です。

形式の不備や改ざん、紛失等のリスクが多い自筆証書遺言と、費用がかかり作成がたいへんな公正証書遺言の両方の欠点をカバーする利用しやすい制度ですが、作成するのは遺言者本人で内容については相談できません。大切なことですから、作成にあたっては専門家への相談をお勧めします。

◆特別寄与料の請求

亡くなった人の介護等を無償でするなどして、その財産の維持・増加に貢献した相続人以外の親族が相続人に対して特別寄与料として寄与度に応じた金銭を請求できるようになりました。この制度ができたことにより、介護をしたお嫁さんや相続人ではないきょうだいなども相続で財産を得られるようになりました。当然の権利というわけではありませんから、相続人と協議し、協議がまとまらなければ家庭裁判所に申し立てを行うというステップを踏むことになります。請求期限も相続開始後1年間と比較的短期間なので注意が必要です。

4章

相続税　申告の要・不要の判定はお早めに

相続税は亡くなった人が残した財産に課される税金です。しかし、「遺産にかかる基礎控除額」というものがあり、申告が必要なのは遺産がこの金額を超える場合に限られます。

たとえば配偶者と子2人が相続人となるケースでは、相続人の数は3なので、遺産の額が4,800万円以下なら相続税はかからず、申告も不要です。

■遺産にかかる基礎控除額

3,000万円＋600万円×相続人の数*

*相続放棄などをないものとした場合。養子がいる場合の養子の数には制限があります

相続人の数	遺産にかかる基礎控除額
1人	3,600万円
2人	4,200万円
3人	4,800万円
4人	5,400万円

●相続税の申告：申告期限は、亡くなった日の10ヵ月後

相続税では、相続人が住んでいた土地を一定の要件を満たす人が取得した場合の「小規模宅地等の特例」や「配偶者の税額軽減」等の規定があり、これらを適用した結果、税額がゼロとなるケースもあります。しかし、こうした特別な規定を使う場合は、たとえ税額がゼロでも申告が必要です。

相続税の申告期限は、相続開始から10ヵ月後です（例：2月5日死亡の場合は12月5日）。相続税の申告書の作成は税理士が行う場合でも数ヵ月かかるのが一般的です。相続税の申告が必要と思われる場合は、早めに依頼することが大切です。

申告の要否の簡易診断

資産の額が把握できれば、相続税がかかるかどうかの見当をつけることができます。財産が自宅の土地・建物、預金・株などの金融資産のみという場合であれば、次の方法でおおよその価額を知ることができます。

●土地

都市部の土地は路線価方式で評価されます。路線価とは、その道路に接する宅地の価額で、㎡あたりの金額が千円単位で定められています。国税庁ホームページ(https://www.rosenka.nta.go.jp/)で全国の路線価図を閲覧することができます。自宅と接する土地の路線価を調べ、それに平米数をかけた金額が、おおよその土地の価額です。

Aさんの家の前の道の道路は「360C」となっています。これは1㎡の路線価が360千円であることをしめしています。自宅の敷地は150㎡なので、360千円×150㎡で価額は5400万円となります。
（A～Gのアルファベットは借地の場合の借地権割合です）

●建物

建物は、固定資産税評価額となります。毎年、5月頃に送られてくる固定資産税の通知書にのっています。

●有価証券

投資信託などの金融商品は、その日に換金した場合の税金や手数料を引いた後の手取り額で評価されます。株は、終値です。値動きがあるものですから、簡易計算をするときは、証券会社等から定期的に送られてくる報告書を使うといいでしょう。

●預貯金・現金

亡くなった日の残高です。

※ご紹介したのは財産額の目安を知るための簡略な方法です。実際に相続税の申告をするときの評価は、財産評価基本通達に基づいて行います。

住まいを相続したとき

●小規模宅地の特例

亡くなった方が住んでいた自宅の土地を一定の要件を満たす親族が取得したときは、330㎡までの部分について評価額が20%になる（80%減額される）特例があります。この特例により相続税がゼロとなるケースも多くあります。

簡易判定小規模宅地の特例を受けられるのは？

①配偶者→無条件でOK

②同居していた親族→申告期限まで所有・居住を続けていればOK

③ ①②以外の親族→亡くなった人が生前ひとり暮らしで、かつ一定の要件を満たすことが必要

　　　　　>配偶者がいない

　　　　　>相続開始前3年以内に取得者本人・配偶者・三親等内の親族およびそれと特別な関係がある法人が所有する家屋に居住したことがない

　　　　　>相続開始時に取得者本人が居住している家屋を、過去一度も所有していたことがない

●亡くなった人が老人ホームに入所していた場合は？

要介護・要支援認定を受けて介護を必要としていたことによる入所で、留守宅を賃貸したりしていなければ小規模宅地の特例の対象となり得ます。

【ひとり暮らしの人の空き家を相続した場合】

相続した空き家を譲渡した場合の税制上の優遇策が儲けられています。
主な要件は以下の通りです。

● 昭和56年5月31日以前に建設された建物とその敷地で被相続人が一人で住んでいたこと

● 譲渡するまで空き家であること

● 一定期間内に譲渡すること

● 譲渡した翌年の2月15日までに耐震リフォームまたは取壊がされていること

この他細かい要件がありますが、それを満たせば譲渡益から相続人が2人以下の場合は一人3,000万円、3人以上の場合は一人2,000万円を譲渡益から控除することができます。

特例が適用された場合の税金

(例)母が一人暮らししていた築50年の実家を取り壊して、3,500万円で売却。土地の購入代金や建築費は不明。売却にかかった費用は200万円。

譲渡益の計算

$$\underset{\text{売却価額}}{3,500万円} - \underset{\text{取得費}}{3,500万円×5\%^{*1}} - \underset{\text{譲渡費用}}{200万円} = 3,125万円$$

特例の適用がない場合	3,125万円×20.315%[*2]=6,348,400円（百円未満切捨）
特例を適用した場合	〈3,125万円−3,000万円〉×20.315%=253,900円（百円未満切捨） 　　　　　　特別控除

*1 取得費がわからないときは、売却価額の5%とします。
*2 所得税15.315%、住民税5%の合計です。

---

topic 相続登記が義務化されました。

相続した不動産は3年以内に、令和6年4月1日前に相続した不動産は、令和9年3月31日までに相続登記することとされました。遺産分割に時間がかかっているときは、とりあえず相続人申告登記をして自分が相続人であることを申告しておきましょう。

家族の死 配偶者が亡くなったとき

配偶者がいる人にとって、その死は人生の最大リスクといっても過言ではありません。経済的な側面だけでなく、長年連れ添ってきた人を失うことはただちに日常生活に影響します。精神的なダメージもあることでしょう。いつかどちらかが遭遇すること。できれば目を背けたいところかもしれませんが、時には立ち止まって考えてみてはいかがでしょうか。

経済面

● 配偶者が死亡したときの年金

公的年金に加入していた人が死亡したとき、遺族の生活の支えとなるのは遺族年金です。
制度の概略について、知っておきましょう。

※ 下記1.は年金の受給資格を満たしている現在50歳の夫婦、2.はその夫婦が年金受給者となった場合を想定して簡略に説明しています。
　夫婦の年金の加入歴の組み合わせ等によりいろいろなパターンがありますのでご注意ください。

1. 現役世代が亡くなったとき

遺族年金は18歳到達年度末日までの子があるかどうかで基礎年金の受給の有無がかわります。また妻が死亡した場合の夫の厚生年金には年齢制限などの制約があります。

● 遺族基礎年金は子の数により決まる

遺族基礎年金とは国民年金から支給される遺族年金です。18歳の到達年度末日までの子（以下、子）がいる場合、子の数に応じた年金額が配偶者に支給されます。年金を受給するのが夫か妻かは関係ありません。

■ 遺族基礎年金額（令和6年度価額）

子の数	年金額
1人	1,050,800円
2人	1,285,600円
3人	1,363,900円

● 遺族厚生年金は、死亡したのが夫か妻かによって異なる

夫が死亡した場合（妻がもらう場合）

死亡当時に妻の年収が850万円以下であれば、夫の死亡時までの年金記録に基づいて計算した老齢厚生年金額の4分の3が支給されます。

夫の死亡当時に子がいない場合や、遺族基礎年金の支給対象となる子がいなくなった場合、妻自身が65歳になるまで中高齢寡婦加算額（612,000円）が加算されます。

妻が死亡した場合（夫がもらう場合）

夫が受給する場合、死亡当時の年収が850万円以下であることに加え、55歳以上であることが要件とされます。この場合、実際に支給が開始されるのは60歳になってからです。

ただし夫が55歳以上で遺族基礎年金の対象となる子がいる場合は、この支給停止はなく、子がいる間は60歳未満であっても遺族厚生年金が支給されます。

55歳未満の夫に遺族基礎年金の対象となる子がいる場合は、遺族厚生年金は子に支給されます。夫には中高齢寡婦加算の制度はありません。

【ライフプランにおける注意点】
　子が大学生の年齢になると遺族年金の額は減額または条件によってはゼロになります。生命保険の死亡保障はこの点を踏まえて考えましょう。

2. 年金受給者が亡くなったとき

　死亡した人の老齢基礎年金はなくなります。厚生年金額が少ない方の配偶者が死亡した場合は、遺族厚生年金は支給されません。厚生年金額が多い方の配偶者が死亡した場合は、残された配偶者の老齢基礎年金・厚生年金に一定の方法で計算された遺族厚生年金が加算されます。

　年金受給者である配偶者が亡くなると、その配偶者の老齢基礎年金はなくなり、残された配偶者は、自身の老齢基礎年金と老齢・遺族厚生年金を受給することになります。
　遺族厚生年金額は、
　　イ　亡くなった人の老齢厚生年金の4分の3
　　ロ　自身の老齢厚生年金の2分の1とイの3分の2の合計額
のいずれか多い金額です。
　年金額が多い方の配偶者が亡くなった場合、亡くなった人の厚生年金額と残された人の厚生年金額の差が2倍以上のときはイ、同額から2倍以内のときはロで計算した金額が遺族厚生年金額となります（実際には老齢厚生年金との差額が遺族厚生年金として支給されます）。
　厚生年金が少ない方の配偶者が死亡した場合は、遺族厚生年金はありません（全額支給停止）。

【ライフプランにおける注意点】
　生活設計をする際は、年金が1人分になったときのことも念頭におきましょう。

日常生活面

●どちらかにおまかせは禁物。必要な情報は共有し、最低限の生活技術は身につけておく

　法律的なことや財産のことは夫におまかせ、家族・ご近所のことや日常のやりくり、家の中のことは妻におまかせと、互いに相手の領域には踏み込まずうまくやってきた。そんな夫婦の一方に何かあると、残された側は途方にくれることになります。
　死亡とまではいかずとも、年齢を重ねるにつれ、それまでできていたことができなくなることがあります。日常生活に必要な情報や技術・大切な財産のことなどは、お互いに引き継ぎあって、いざというときにとって代われる、あるいは子どもなど他のだれかに頼める態勢を作っておきましょう。

精神面

●自分の世界を持つことも大切

　夫婦で楽しむことも大切ですが、自分一人で楽しむ趣味、出かける場所や友人を持つことも大切です。巻末にシニアたちのすごし方をあげています。元気な今から、妻や夫に内緒の居場所探しを始めてみてはいかがですか。

防災 命を守る〈減災対策〉

命捨てるな、物捨てろ。捨てれぬものは固定せよ

いつ起きてもおかしくないと言われる首都直下型 &南海トラフ地震。巨大台風、豪雨、竜巻。私たち は命をも脅かす大きなリスクを抱えています。命あっ てのライフプラン。できることから始めましょう。

就寝時：不意打ちから身を守る

無防備な就寝中に大地震が発生したら…。寝室 の減災対策、できていますか?

阪神淡路大震災の発生時刻：日の出前1月17日午前5時46分

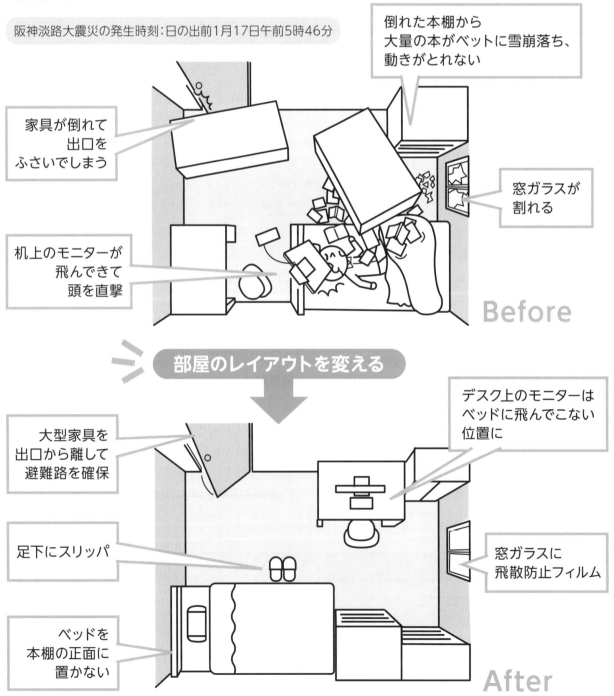

倒れた本棚から
大量の本がベットに雪崩落ち、
動きがとれない

家具が倒れて
出口を
ふさいでしまう

窓ガラスが
割れる

机上のモニターが
飛んできて
頭を直撃

Before

部屋のレイアウトを変える

デスク上のモニターは
ベッドに飛んでこない
位置に

大型家具を
出口から離して
避難路を確保

足下にスリッパ

窓ガラスに
飛散防止フィルム

ベッドを
本棚の正面に
置かない

After

フロアに1ヵ所「安全地帯」を

ぐらっときたとき、とっさに逃げ込める安全地帯を家庭や職場の1フロアに1ヵ所作っておきましょう。

【安全地帯とは】
- 倒れたり、ぶつかってくるものがない
- 落ちてくるものがない
- 割れるものがない
- 脱出路がある

カタカタカタ…本格的な揺れがくる前の数秒間に移動を。

避難するときの注意点

- 電気のブレーカーを落とす
- ガスの元栓を閉める
- 安否メモを入り口に貼っておく

〇月×日15時
A中学校に
避難しました
〇〇子

マンションのベランダ避難をするときは

- 隣家との隔て板は、後ろ向きになって蹴破る

火災発生時

待ったなし。大声で「火事だ〜」

発災時最初にすべきことは周囲に知らせること。消火活動や通報はそれからです。

火事だ〜!!

消火器は火元に向けて

× 炎の上の方に向けて

〇 下の火元に向けて

炎が天井に達したら避難する

自力で消火できるのは火が天井にくるまで。無理だと思ったら速やかに避難します。

発災時・発災直後のNG行動集

× 回線パンクのおそれあり。
　不要不急の電話は禁止。

× ケガの危険あり。家の中でも裸足で歩かない。

× ケガの危険あり。一人で救出活動を行わない。

× 避難に車は使わない。

× ガス爆発の可能性あり。
　安全が確認できるまで火をつけない。

× 火災の危険あり。
　ブレーカーをあげて通電させない。

ブレーカーの復旧手順

1. コンセントはすべて抜き、ブレーカーがすべて落ちていることを確認する。
2. 漏電ブレーカーをあげる。
3. アンペアブレーカーをひとつあげ、使いたい製品だけその回路のコンセントにつなぐ。
　➡漏電ブレーカーが落ちたら、即中止!
4. この作業を繰り返して、ひとつひとつ安全を確かめていく。

× ガスや油のにおいがするときは、電気は使わない。

4章

防災 日ごろの備え
〈心構えとモノの備え〉

日常の気づきと心がけが災害時のダメージの軽減と立ち直りのスピードアップにつながります。

日ごろの備えが大切です

いつ起こるかわからない

「災害は忘れた頃にやってくる」。予報が出されるにしてもせいぜい数日前です。「防災」をいつも心にとめておきましょう。

そのときでは遅い

安全な帰宅路・家族との連絡・当面の食料や生活用品。
そのときになって「しまった!」と思っても、どうにもなりません。

基本は自助

同時にたくさんの人が被災した場合、救助・援助の手が届く範囲は限られます。自分の身は自分で守るという姿勢が求められます。

確認しておくべきこと：情報と心の備え

そのときに冷静的確な判断、命を守る行動がとれるよう、必要な情報を集め、周囲とシェアしておきましょう。

災害リスク
ハザードマップをチェック

地震・津波・高潮・洪水・土砂災害など災害の種類は様々です。自宅や職場、よく行く場所のリスクをハザードマップで確認しておきましょう。ハザードマップは自治体や国土交通省のHPから検索することができます。

> 関東大震災のとき、鎌倉は8メートルの津波に襲われ、412名の死者が出た。「鎌倉震災誌」(昭和6年鎌倉町役場発行)

避難経路
いつもの道が正しい道とは限らない

避難場所とそこに行くまでの避難経路をあらかじめ決めておきます。どこにいるとき、どんな災害に遭遇するか、様々な状況を想定して複数のルートを用意します。

> 宿泊先や飲食店・繁華街で非常口・避難経路を確認する習慣を。

連絡方法
「つながらない」ことを想定して

長時間、電話が不通となる可能性があります。あらかじめ災害発生時の集合場所や連絡手段を複数家族で共有しておきましょう。

 自治体等からの防災情報誌は、必ず目を通してわかりやすい場所に置いておきましょう。

「そのとき」をイメージする
災害はいつ・どんなときに起こるかわかりません。いろいろな場合を想定してみましょう。

常備品：モノの備え

想像力を働かせ、自分にとって必要最低限のものを、自分で準備しておきましょう。日頃から食べ慣れているもの、よく使うものを多めに買いおき、使いながら適宜補充している「日常備蓄＝ローリングストック」がお勧めです。

飲料水

2リットルのペットボトル6本入りのケースを最低でも人数分用意しておきましょう。生活用水は、いつも風呂に水をはっておく、ポリタンクやペットボトルに水道水を貯めておくといったことを習慣づけましょう。

□水2リットルペットボトル1ケース×人数分
□フロ水・生活用水

食料

目安は1週間分です。カップ麺・缶詰・レトルト食品など日常的に食べている保存のきく食品をストックしておきましょう。電気やガスが止まっても**最低限、お湯が沸かせるよう鍋・カセットコンロ＆ボンベの用意を。食物アレルギーがある人、赤ちゃん・お年寄りなど特別な食事が必要な人は、対応食品の準備を忘れずに。**

□食事になるもの　□主食になるもの（ご飯・麺）
□おかずになるもの　□そのまま食べられるもの
□お菓子　□飲料　□カセットコンロ
□カセットボンベ　□鍋　□アレルギー対応食
□ベビーフード・ミルク　□高齢者用の食事
　〜お菓子や野菜ジュースは非常時のエネルギーやビタミン補給になります〜

「そのとき」では間に合わない

災害発生の危険がアナウンスされると次々と店舗から商品が消えていきます。大型台風のように危険が事前予測されるときは営業がされませんし、こういうときは宅配もストップです。朝、出勤してから帰宅するまでの間に突然、日常が断絶することがあります。どんなときでも家で数日は過ごせるように、最低限の水・食料・光源・燃料・衛生用品は確保しておくようにしましょう。

薬

□処方薬　□お薬手帳　□常備薬

暑さ・寒さ対策

真夏・真冬にライフラインが途絶えたときのことを考えて。

□乾電池式の扇風機　□保冷剤
□使い捨てカイロ　□防寒シート
□カセットストーブ

トイレ

水が流せないときの備えは欠かせません。

□自動洗浄トイレの手動への切替え方法をチェック
□簡易トイレやそれにかわるもの

照明

停電しても最低限の灯りを確保。

□懐中電灯　□ランタン　□乾電池

衛生用品

入浴できない、手が洗えない、歯が磨けない、環境が不衛生といったことを考えた備えを。

□トイレットペーパー　□ティッシュペーパー
□ウエットティッシュ　□ボディシート
□ドライシャンプー　□ラテックス手袋
□手指消毒剤　□うがい薬
□マウスウォッシュ　□マスク　□ゴーグル
　〜紙おむつや生理用品はプラス1週間分ストックをしておきましょう〜

何かと役に立つもの

□携帯電話の予備バッテリー
□45リットルのビニール袋（黒いものもあるといい）
□食品用のポリ袋　□ラップ　□新聞紙
□ハサミ　□カッター　□ひも　□ガムテープ
□工具類　□リュック　□軍手

4章

防災 在宅避難術

基本は在宅避難

避難所は家が損壊するなどして自宅に戻れない人や高齢者等のためのもので、倒壊の恐れのないマンション住民などは想定されていません。収容人員も地域住民の2割程度と言われています。発災後の不安なときを自宅で家族と過ごすことを考えておくことが必要です。

停電・断水 そのとき必要な"ワザ"を知っておく

令和最初の秋に日本列島を立て続けに襲った台風は、停電がおよぼす影響の大きさを社会につきつけました。エアコンが止まる、自動洗浄トイレの水が流せない、エレベータが動かず高層階にある我が家に帰れない、ポンプのモーターが止まって断水する等々。

ライフラインが途絶え、買い物もできない状況下においては、あるものを使ってすごす知恵と工夫が求められます。いざというときできるように、とにかく一度「やってみる」ことをお勧めします。

食事

■パッククッキング（ポリ袋を使って簡単調理）

必要なもの：ポリ袋*・水・鍋・
**　　　　　　カセットコンロ&ガス**

心身ともに憔悴しがちな災害時。いつもの食事に近いものが食べられたら、どれほど力になることでしょう。最低限これだけの道具と食材があれば温かいご飯とおかずが作れます。

いざというとき、すぐに使える技術です。

*ポリ袋は高密度ポリエチレンのものを使います。

調理方法

❶ポリ袋が直接鍋底にあたらないように、皿やふきんなどを沈めておきます。

❷ポリ袋に食材と調味料を入れ、水を張った鍋に沈めて空気を抜きながらねじっていき（図1）、上の方で口をしばります（図2）。

❸火にかけて、沸騰が続く程度の温度を15～20分維持します。

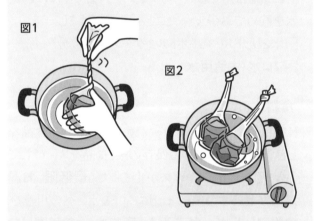

図1　図2

かかる時間は具材の種類や大きさによって違います。水分の蒸発がないので、煮汁はちょうど食材が浸る程度・調味料は、仕上がりの味加減で量も半分程度でOKです。袋が破れる恐れがあるので油分が多い調理は控えてください。いろいろ試してみましょう。

ご飯の炊き方

茶碗大盛り2杯分の目安

❶米1カップ（200CC）水1.2カップをポリ袋に入れる。しばらく吸水させるとよい。

❷調理方法❶❷の要領でセットし、水から火にかける。

❸沸騰後約20分加熱を続け、10分蒸らす。

レトルトのおかずを途中からお鍋でいっしょに温めれば、ちゃんとした食事になります。

■"洗えない"ときはラップが活躍

断水で食器が洗えないときは、食器にラップをかぶせてラップだけ使用の都度交換します。

トイレ

　非常用の簡易トイレキットの準備があればgood。ないときは大きなポリ袋と新聞紙を使います。食品用の保冷剤は、凝固剤として使えます。

排水できないときのトイレの使い方

❶便座をあげて1枚目のポリ袋でおおう。
❷2枚目のポリ袋を便座の上からかぶせ、細かくきった新聞紙を重ねて入れる。
❸用を足したら2枚目のポリ袋の口を固くしばって捨てる。

保冷剤を凝固剤として使う方法

❶小さめの保冷剤3〜4個（小1回分）を準備
❷保冷剤をキッチンペーパーなどでこして、水と凝固剤に分け、凝固剤をバット等に広げて乾燥し、やわらかい状態になったらできあがり。
※常温で液体になるタイプのものは向きません。

照明

　懐中電灯の光を拡散させて、ランタンに。

●懐中電灯に白いポリ袋をかぶせる。

●2本のペットボトルを準備。1本は切って懐中電灯を立て、もう1本のペットボトルに水を入れその上に重ねる。

体温調節

■大きなゴミ袋を使って

●ゴミ袋の上部を頭が出るように切り、それをかぶる。脇は切らない。
●くしゃくしゃに丸めた新聞紙を大きなポリ袋に入れ、その中に足を入れる。

■ペットボトルを使って

●水道水と沸騰させたお湯を1:1で混ぜたものを注ぎ、タオルを巻いて湯たんぽに。
●暑いときは水・寒いときはお湯を入れたペットボトルをわきの下に挟む。

互近助 (ごきんじょ)

　人口が高度に集中する都市が被災地となった場合、公共機関による援助がいつ届くのか予測がつきません。その間、支えになるのは、その場にいる人同士の協力と助け合いです。周りの人と日ごろから良好な人間関係をつくっておくことは、リスクマネジメントという観点からもとても大切です。いざそういう事態に遭遇したときは、自分に何ができるかを考え、できる協力を惜しみなくしましょう。

私にできることは？

●炊き出しに参加
●力仕事や大工仕事
●物を運ぶ
●情報を集める
●SNSで状況を知らせて助けを求める
●被災状況の写真を撮る
●子どもの遊び相手になる
●一人では不安な人に付きそう

リスクの中をサバイバル

人生はリスクだらけ

　この章では数あるリスクの中で、多くの人が遭遇する可能性があり、知ることでダメージを減らす準備ができるものをとりあげました。リスクを「自分がコントロールできない要因で危険にさらされたり、物事が思い通りに進まないこと」と広くとらえると、私たちはリスクの中で生きているといっても過言ではありません。人生の長さを考えるとずっと平穏であるという方が万一で、むしろ何かしらの万一と遭遇し続けると考える方が正解に近いのではないでしょうか。

リスクとチャンスは背中合わせ

　ここ2年ほどで顕在化したのがインフレリスクです。長期のデフレが一転インフレに転じましたが、目指していたデフレ脱却とは程遠く、実質賃金は減少の一途。セカンドライフの生活設計にとって、年金や貯蓄を目減りさせるインフレは大きなリスクですが、その原因は他国でおきた紛争や政権交代、気候変動など、過去に例をみないほど多様化・複雑化しています。そうかと思うと、株価はバブル最高値を回復し、その後も高値を維持しています。行き過ぎた円安は経済全体にとっては問題なのですが、輸出やインバウンド関連の仕事に従事する人にとっては追い風でしょう。1ドル100円くらいのときに購入したドルを持っていれば、その価値は1.5倍になった計算です。何が原因でどこにどのような影響が出るかわかりません。そしてそれはリスクであることもあれば、チャンスであることもあります。

　何歳になっても、政治・経済・環境・文化等々、広く社会の動きに関心をもち、変化を受け止める心の準備が必要です。

チャンスを逃さない

　もうひとつ注目しておかなくていけないのは技術革新です。車の自動運転や介護ロボットといった生活関連技術の普及で、自由に行動し楽しめる時間が伸びるかもしれません。医療の分野ではガンの克服や認知症に有効な治療薬が開発される可能性もあります。手を伸ばせば届くかもしれないことを見過ごし、その恩恵を享受するチャンスを逃すというのも人生後半の大きなリスクです。

　ピンチ系の万一に遭遇したときのダメージを少なくし、チャンス系の万一をしっかりつかみとれるように。自分のこと、家族のこと、環境のことだけでなく、情報感度を磨いてリスク・チャンス要因となりそうなことをしっかりフォローしておきましょう。

Health
&
Happiness

知っておきたい健康キーワード20

　成人の約7割は健康情報に関心をもたない「健康無関心層」であるといわれています。簡単に良質な健康情報にアクセスできる時代、ちょっとした知識＆意識づけでいい感じのコンディションをキープできるかもしれないのに、もったいないですね。ある日、突然、自分の健康に危機感を持った50代の八瀬さん（仮名）ご夫妻にご登場いただき、これだけは知っておきたい健康キーワードを解説します。

年のせいにしていませんか？

　バリバリ働き、厄年も無事通過。病気知らずできたけれど、同窓会に出席するといつか話題は健診結果の数値の言い合いに。そんな経験、ありませんか？気持ちは若くても時間はたっていきます。そろそろ健康のことも考えて。お腹周りにそんなカラダからのサイン、出ていませんか？

八瀬泰造さん（やせたいぞう）
（52歳）
身長178cm　体重80kg

100cm

健康診断

ガーン‼

検診結果
空腹時血糖値
110mg
HbA1c6.3%
糖尿病予備軍
です‼

　入社25年・IT関連企業のグループリーダーとして若いときと変わらない残業続きの毎日。
　数年前からお腹周りが気になってはいるものの、この年になれば、こんなものだろうと深刻に考えてはいません。

キーワード

① メタボリックシンドローム

**内臓に溜まった脂肪が
リスク要因に**

判定基準

必須項目
腹囲（おへそ回り）：
男性85cm以上　女性90cm以上
＋
下記の2つ以上に該当
脂質異常：中性脂肪150 mg/dL
以上またはHDLコレステロール
40mg/dL未満
高血圧：最高血圧130mmHg以上
または最低血圧85mmHg以上
高血糖：空腹時血糖110mg/dL以上

　日本語では内臓脂肪症候群。腸や腹腔など内臓に蓄積した脂肪により高血圧や高血糖・脂質異常など生活習慣病リスクの重なりが起こった状態をいいます。脂肪のつきすぎは大きなリスク要因です。まずは適正体重をめざしましょう。

② 糖尿病

**自覚症状がないまま
進行するサイレントキラー**

　インスリンの作用不足により血液中の血糖が慢性的に高くなる病気です。多くは生活習慣に起因するといわれ、国内で糖尿病が疑われる人は1,000万人以上います。患者が多いので軽く考えがちですが、三大合併症といわれる腎症、網膜症、神経障害に進行すると人工透析や失明、足の切断など著しくQOLが低下する事態に。心筋梗塞や脳梗塞を引き起こして生命そのものが脅かされることさえ珍しくありません。糖尿病は現代医学では完治することはできません。何より予防が第一です。

③ 糖尿病予備軍

ここで何とか食い止めたい

　次のいずれかに該当する状態を糖尿病になるリスクが高い「糖尿病予備軍」と言います。本当の糖尿病になってからの食事制限・運動療法はつらいもの。すぐに対策を始めましょう。
●空腹時血糖：110〜125mg/dL
●HbA1c：6.0〜6.4%
●尿糖：＋（検出）　●メタボ

見た目の若さを過信していると

　親世代と比較すると50歳前後の女性の見た目年齢の若返りは10歳以上とも思えますが、油断は禁物。20代をピークに骨や筋肉はジワジワと減少していきます。特に女性はもともと男性より筋肉量が少ない上、ホルモンの関係で更年期以後は骨量の減少もスピードを増します。放置すると思うように動けなくなり、要介護・寝たきりへとつながりかねません。気がついたその日から、ハツラツとした美しさをめざして楽しみながら生活習慣を改善していきましょう。

八瀬照代さん
（やせてるよ）
（50歳）
身長162cm　体重54kg

契約社員として職場復帰して5年。
趣味はインスタグラムで何事も「キレイ」を大切にしています。若さに自信あり。心の中では30代に見えるかも、と思っています。

お金と健康　どちらも日々の積み重ね。どちらも早く気づいて早く始めた人の勝ち。

体力測定

あなたの
体力年齢
60歳

ガーン!!

キーワード

4 ロコモティブシンドローム

骨・関節・筋肉・腱・靱帯・神経など運動に関わる器官や組織を運動器といいます。ロコモティブシンドロームは運動器の障害により立つ・歩くなどの動作が困難になり、やがて要介護や寝たきりになるリスクが高くなった状態をいいます。

ロコモ、あなたは大丈夫？

ひとつでも当てはまれば、ロコモの可能性があります。
- ☑ 家の中でつまずいたり滑ったりする
- ☑ 階段を上がるのに手すりが必要
- ☑ 15分続けて歩けない
- ☑ 片足立ちで靴下がはけない
- ☑ 2kg程度の買い物をして持ち帰るのが困難
- ☑ 家の中の重い仕事が困難
- ☑ 横断歩道を青信号で渡りきれない

5 サルコペニア

筋肉量の減少がロコモを引き起こす
ギリシャ語で「サルコ」は筋肉、「ペニア」は減少を意味します。その名の通り、筋肉量が減少して身体機能が低下した状態をいい、歩くのが遅くなる、握力が弱くなりペットボトルのフタがあけられない、手すりがないと階段が上れないなど日常生活に支障がでるようになります。転倒しやすくなり、ケガがもとで要介護や寝たきりになる人もいます。栄養不足・運動不足・加齢が原因とされています。

6 フレイル

心身ともに「不活発」な状態。
ロコモ・サルコペニアと密接に関係
加齢によって身体だけでなく、意欲や認知機能の衰えなど精神面や外部との交流など社会性も低下した状態をいいます。加齢とともに体力は衰えます。若さを過信せず、早いうちから積極的な対策をとることで予防しましょう。

7 体力年齢

体力面から年齢を判定したものです。体育の日などのイベントでよく使われる文部科学省の「新体力テスト」では、6項目のテストの結果により年齢別に5段階の総合評価と体力年齢を判定します。

テスト項目

握力、上体起こし、長座体前屈、
反復横跳び、
急歩または往復持久走、
立ち幅飛び

5章

子どもに言ってきたことを実践する

食べ物はカラダを作る材料＆カラダを動かす燃料ですから、カラダを整えるには、まず、「食」の改善が必要です。難しいことではありません、子どもに言ってきたことにコンディションにあわせたエッセンスをプラスするだけです。

リズム　朝昼晩・一日三食、規則正しく食べる

三度の食事を規則正しく摂ることはカラダのリズムを整える上で重要です。食事の間が長くなり空腹時間が長く続いた状態で食事をすると血糖値が急上昇し、大量に放出されたインスリンが脂肪を貯めこもうとします。カラダのリズムにあわせて、**朝しっかり・昼食を抜かない・夕食は早め**という食習慣を作りましょう。

バランス　好き嫌いなく、いろいろなものを食べる

栄養素はチームで仕事をします。いろいろなものを食べることでバランスを整えましょう。ご飯・汁物・主菜・複数の副菜で組み立てられた和食はバランスの面で非常にすぐれています。迷ったときは一汁三菜の組み合わせがお勧めです。

●タンパク質を確保

タンパク質は血となり肉となるカラダの材料。不足すると筋肉が落ちて「虚弱＝フレイル」や「肥満＝メタボ」を招きます。タンパク質は貯めることができませんから、3食必ず主菜は卵or肉or魚or豆の「良質なタンパク質」にして確保しましょう。

●野菜を1日350グラム。そのために

野菜に含まれるビタミン・ミネラル・食物繊維はカラダの調子を整えます。

メタボが気になる泰造さん

「糖質」と「脂肪」に注目

やみくもに食事の量を減らすのはつらいもの。食べ物が体内に取り込まれ、脂肪として蓄積されるメカニズムを理解して、効率よくダイエットしましょう。

糖質
脂肪蓄積のメカニズム

食べる➡血液中の血糖値が上昇➡膵臓がインスリンを分泌➡インスリンは血液中の糖を細胞内に取り込むよう指令➡細胞内で糖はエネルギーに
➡余った糖が脂肪細胞に取り込まれる

ランチの注文で「ほうれん草のおひたし」をプラス

インスリンは脂肪のもととなる糖の取り込みを行っています。

そのためインスリンの大量分泌につながる血糖値の急上昇を抑えることがダイエットにつながります。血糖値の急上昇は血管を傷つけ動脈硬化を進めるだけでなく、膵臓を疲れさせて糖尿病につながるためメタボでなくても気をつけなくてはいけません。「よく噛んで食べる」「食事を抜かない」というのは、実は血糖値の急上昇を防ぐ上で大切なことなのです。

脂肪

脂質は三大栄養素のひとつですが、少量で高カロリーのため、摂り過ぎは肥満につながります。特にバターや肉の脂身など常温で固体のものはドロドロ血液の原因になりますから、要注意です。

調理に使われる油は揚げ物＞炒め物＞焼き物・煮物です。油の多い料理が続かないようにしましょう。また、油を含むと味を感じにくくなるため、油っこい料理は味付けも濃くなりがちです。減塩という意味でも、油をセーブした食事を心がけましょう。

キーワード

8　血糖値スパイク

食後の短時間に急激に血糖値が上昇し、また、正常値にもどる症状で、グラフにするとスパイク（釘）のようなラインを描くことからこう呼ばれています。血糖値スパイクが繰り返されることで血管が傷つき動脈硬化の進行や糖尿病への移行といったリスクがあります。健康診断の空腹時血糖は正常な場合があり、異変が検知されないまま放置される危険があります。

■血糖値スパイクによる血糖値変動

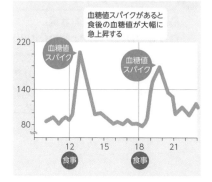

血糖値スパイクがあると食後の血糖値が大幅に急上昇する

220　血糖値スパイク　血糖値スパイク
140
80
12　15　18　21
食事　食事

9　糖質制限ダイエット

米・麺・パンやイモやカボチャなど糖質を多く含む食品をセーブすることでインスリンの分泌を抑えるとともに、エネルギー源として中性脂肪の利用を増やして体重を減らすダイエット方法です。今やダイエットの定番になっていますが、長期間続けると健康に悪影響が出るという指摘もあります。既に糖尿病や予備軍という診断を受けている人は医師の指導のもとに行うことが大切です。

1日5皿・野菜料理をプラス

イラストの野菜はだいたい1皿70グラム。毎食、1・2皿プラスすることで目標量を達成できます。

小皿1皿
野菜70グラム

かぼちゃの煮物　青菜のおひたし　野菜サラダ

野菜ジュース・過信は禁物

材料は野菜でも製造過程で食物繊維が取り除かれたり、ビタミンが壊れたりと、野菜そのものを食べるのと同じというわけではありません。糖分をプラスしたものも多く過信は禁物です。

ボリューム 腹八分目に医者いらず

食べ過ぎは肥満の原因になるだけでなく、内臓に負担をかけます。飲食店のメニューや加工品にはカロリー記載があるものが多いので、チェックする習慣をつけましょう。朝:昼:夜のバランスは3:4:3が理想的といわれています。

ご飯1膳のカロリー

子ども茶碗	（100グラム）	156kcal
普通盛り	（150グラム）	234kcal
大盛り	（250グラム）	390kcal

体脂肪1kgは約7,200kcalと言われています。夜、大盛りのご飯を普通盛りにすると1日156kcal摂取カロリーが減りますから、7,200÷156＝46日で1kgダウンする計算です。

ロコモが心配な照代さん

「筋肉」と「骨」の材料をしっかり摂りましょう

筋肉や骨は20代をピークに毎年減っていきます。要介護に直結する「ロコモ」や「骨粗鬆症」を予防するには、食事で筋肉や骨の材料をしっかり摂り、運動でそれを育てることが大切です。

筋肉

筋肉の材料はズバリ、タンパク質です。成人の1日のタンパク質の摂取量として男性65グラム・女性50グラムが推奨されています。

タンパク質は、肉・魚・卵・豆類などを偏りがでないようバランスよく食べることが大切です。

野菜サラダに
玉子をトッピング

バランスのとれた1日分の目安

毎食、卵・肉・魚の主菜＋納豆や豆腐など豆製品にデザートや間食の乳製品を加えればOK。

魚介類／紅鮭1切れ（70～100g）
肉／豚肩ロース薄切り肉3～4枚（70～100g）　卵／鶏卵1個
大豆製品／絹ごし豆腐1／4丁（100g）と納豆1パック（45g）
牛乳・乳製品／牛乳やヨーグルト1カップ　　文部科学省「日本食品標準成分表2020年版（八訂）」

骨

骨の材料のカルシウムは吸収されにくいミネラルです。しっかり骨の材料にするためにビタミン源となる野菜を多く摂りましょう。

骨の材料となる**カルシウム**

・乳製品　・大豆製品　・緑黄色野菜（小松菜など）・海藻類（ひじきなど）・小魚類（骨ごと食べられるもの）

カルシウムの吸収を高めるビタミンD

・鮭　・しらす干し　・いわし
・うなぎ　・さんま　・きのこ類

骨の質を高める

ビタミンK

・納豆　・小松菜

ビタミンC

・緑黄色野菜　・果物

葉酸

・レバー　・うなぎの肝

5章

キーワード

⑩ **ベジファースト**

ご飯や麺など炭水化物を食べる前に野菜や海草、肉、魚などを数分かけて食べておくことで小腸に栄養吸収のクッションのような状態を作ってブドウ糖の吸収を緩やかにしようというもの。血糖値スパイク対策として効果的とされています。

⑪ **オメガ3**

油脂にはたくさんの種類があります。その中でサバやイワシなど青魚に多く含まれるDHA（ドコサヘキサエン酸）・EPA（エイコサペンタエン酸）は体内で合成できない「多価不飽和脂肪酸」の中のオメガ3というものに分類され、血液をサラサラにして固まりにくくし、血栓ができるのを防いだり中性脂肪を減らす効果があるとされています。

⑫ **プロテイン**

タンパク質を指す一般名詞でギリシャ語で「最も大切なもの」という意味です。筋肉量を増やすことが基礎代謝を高め、脂肪を燃焼させることからタンパク質を主成分とするダイエット用のサプリメントもこう呼ばれています。

運動編

運動にも"バランス"があります

人間は動物。動かないと錆び付いてやがて動けなくなってしまいます。運動習慣がある人もない人も、積極的かつ日常的にカラダを動かすことで、病気を遠ざけ、いくつになっても軽やかに「動く」カラダをつくりましょう。

運動は、「筋トレ」「有酸素運動」「ストレッチ」に大別され、それぞれ役割が違います。運動するときは何かひとつを重点的にするのではなく、3つをバランスよく行うことが重要です。

●自宅でできる簡単筋トレ

肩周り
両手に水の入った500mlペットボトルを持ち、両肘を使って上げ下げする。
（20回×2〜3セット）

スクワット
❶両足を骨盤の幅に開き、つま先を外に向ける。
❷両足のかかとに重心を置きながら腰椎を軽く反らせる。つま先よりも膝が前に出ないように注意しながら10秒ほど、呼吸を続けたままその体勢をキープする。（1日2〜3回）

腹筋
膝を立てて仰向けになり、腹筋を意識しながら両手を膝に伸ばすように上体を軽く起こし、体勢をキープする。

むずかしい人は…
手で座面をつかんでイスに座り、両足を揃えたまま上げ下げする。
（5回×2セット）

むずかしい人は…
手で座面をつかんでイスに座り、片足を軽くあげた状態から、さらに高く引き上げる。
（片足10〜15回）

キーワード

⑬ 筋肉

人間のカラダに600以上存在している筋肉は、運動機能だけでなく、カラダを守る、基礎代謝をあげる、血液やリンパの循環を促すなど生命維持に欠かせない様々な働きをしています。そのため筋肉の減少はそのままカラダの不調につながります。メタボな人にとっては、筋肉を増やして基礎代謝をあげることは重要な課題ですし、冷えの改善や免疫力のアップにも筋肉は欠かせません。関節痛や肩こりにも筋肉の衰えが大きく関わっています。筋肉は20代をピークに減少していきます。これを放置せず、食事で筋肉の材料を十分に摂り、運動でしっかり育てることが大切です。

⑭ 脂肪燃焼

カラダのお荷物となる脂肪とは過剰となったエネルギーが脂肪細胞に蓄えられたもので、これを消費する、つまりエネルギーとして利用することを「脂肪を燃やす」といいます。
脂肪燃焼効果がある運動は有酸素運動です。筋トレは無酸素運動ですから脂肪燃焼の効果はありません。それにも関わらず筋肉がダイエットに欠かせないのは、こうして生み出されたエネルギーを大量に消費するのが筋肉だからです。たとえて言うと、筋肉は焼却炉。筋トレは焼却炉を大きくする運動、そこにくべられた材料（脂肪）をゴ〜っと燃やすという作業が有酸素運動というわけです。

●有酸素運動

正しいウォーキングの姿勢

会話しながら行うときは、少し息があがるくらいの
ペースがベストです。

顎を引き、視線は
前方へ

肘は軽く曲げ、
手は軽く握る

着地はかかと
から

大股で歩く

体重60kgの人が
100kcal消費するには

軽い散歩……………… 30分前後
ウォーキング(速歩) … 25分前後
自転車(平地)………… 20分前後
ジョギング(強い)…… 10分前後
水泳(クロール)……… 5分前後

日本糖尿病学会編・著「糖尿病治療ガイド」より

●ストレッチ

背と胸

両手を後ろで組み、肩甲骨
を引き寄せる意識で後ろ
に伸ばす。

腰

足を肩幅よりやや広めに開
いて腰の下に両手をあて、
息を吐きながら骨盤を前に
押し込み、腰を反らせた状
態を3秒間キープ。
(1〜2回を1日数回)

首

肩の力を抜き、片方の手で
頭を押さえて肩に耳を寄
せ、反対の肩はしっかり下
げる。

肩

❶左腕を右斜め下に伸ばし、手の
ひらを上に向けて、右手で左ひじ
を下から支える。
❷右手で左ひじをすくい上げるよ
うに上へ持ち上げた状態で10
秒キープ。(左右3回ずつ)

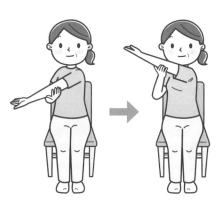

キーワード

⑮ 筋トレ

筋肉に負荷をかけると筋繊維が傷つき、
それが回復するとき元の繊維より太くな
ります。このしくみを使って筋肉を育て
る運動が筋トレです。
筋トレというとつらいものというイメー
ジをお持ちの方もいるかもしれません
が、筋肉痛がするほど頑張る必要はあり
ません。1ヵ月に1回、ハードに行うより、
週に2〜3回のペースで短時間・定期的
に。日常のちょっとした時間にちょこちょ
こ行うのも効果的です。

⑯ 有酸素運動

ジョギングや水泳、エアロビクス、サイ
クリングなど、エネルギーに酸素を使う
運動のことです。体脂肪をエネルギー源
として使って燃焼させるため、内臓脂肪
を減少させ、高血糖・脂質異常・高血圧、
動脈硬化など生活習慣病の予防・改善
といった効果があります。基本となるの
は何といってもウォーキング=歩くこと。
特に早歩きは運動不足の体力づくりに
最適です。通勤や買い物の移動のとき

など日常の様々な機会を利用して、1日
1万歩を目標に積極的に歩きましょう。

⑰ ストレッチ

筋肉の柔軟性を高め、関節の可動域を
広げる体操のことです。筋肉が温まった
筋トレの後に行うと、筋トレの効果が高
まるといわれています。仕事の合間でも
2時間に一度はストレッチをしてカラダ
の緊張をほぐしましょう。

5章

睡眠不足が生活習慣病につながる？

ぐっすり眠ってシャキッと目覚めた朝の爽快さ。「快眠力」は健康寿命にも影響します。

●睡眠不足と肥満・生活習慣病

自律神経や内分泌（ホルモン）は相互に作用しあって健康状態を保ちます。これらは睡眠中にメンテナンスされていて、睡眠不足で働きが鈍ると、代謝・活動意欲が低下し、それが肥満➡生活習慣病へとつながります。

●睡眠は認知症にも関係する

アルツハイマー型認知症の発症原因のひとつにアミロイドβというタンパク質の蓄積があげられています。脳は睡眠中に清掃活動を行い、こうした有害物質を除去しています。

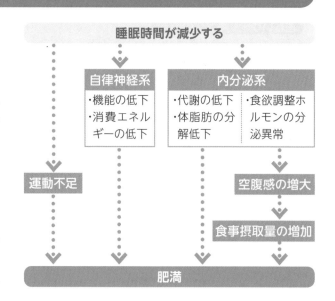

快眠力を高めましょう

カラダが快適と感じる生活リズムをつくりましょう。

朝 1日のスタート。体内時計をしっかりセット

・朝日をあびる：睡眠ホルモンのメラトニンの分泌時間がセットされます。

・朝食をとる：消化器が目覚め、全身の体内時計がセットされます。

!朝食を抜くとカラダは栄養が入ってこないと感じ、エネルギーの貯蔵モードに入ります。普段は朝食抜きという人は、まず、果物1つから「朝・食べる」トレーニングをしましょう。

昼 カラダを動かす

・移動：とにかく歩く。階段を使う。

・日常の動作：ちょっとした動作にトレーニング要素を組み入れる。仕事の合間に体操を。

・週に2回：意識して筋トレ・有酸素運動を。

夜 リラックスして快眠モードに

睡眠はメラトニンというホルモンに促されます。

・寝る前スマホをやめる：スマホやPCの光により脳が昼間と錯覚し、メラトニンの分泌が抑制されます。寝る前は、音楽でも聴きながら1日のことを振り返るリラックスタイムにしてはどうですか。

・入浴は就寝1時間くらい前にぬるめで：床に就くころ体温が下がってお休みモードに入ります。

・食事は就寝2〜3時間前までに：睡眠時間は消化器にとってもお休みタイム。胃袋を空にしてちゃんと休めるようにしましょう。

＊眠れないときは？
　無理に眠ろうとせず、一旦、起きて本を読んだり音楽を聴いてリラックスしましょう。どうしても眠れないときは、病気が関係している可能性があります。悩まずに医師に相談してみましょう。

キーワード

18 体内時計

カラダの諸機能は、あらかじめ働く時間がセットされています。そのカラダのリズムのことを体内時計といいます。食事・運動・睡眠を体内時計の働きに合わせて行うことで、ホルモンや自律神経を整えることができます。

19 睡眠負債

少しずつ睡眠不足が蓄積している状態。極端な睡眠不足ではないため自覚症状に乏しいのですが、仕事のパフォーマンスが落ちたりガンや認知症などの病気の発生リスクが高まる可能性が指摘されています。休日、普段より何時間も長く眠ってしまうという人は、睡眠負債がある可能性があります。

健診編

健診結果を活かしてカラダをメンテナンス

　毎年の健康診断。「今」だけを見て一喜一憂するだけではもったいない。結果を分析し、改善計画を立てたなら即実行。翌年の数値の変化は、1年間の努力の結果です。

■検査結果記録表

検査項目	基準値	年　月	年　月	年　月	年　月	年　月
BMI	18.5〜25未満					
腹囲	男性85cm未満 女性90cm未満					
血圧測定	収縮期 130mmHg未満 拡張期 85mmHg未満					
空腹時中性脂肪	149mg/dL以下					
HDLコレステロール	40mg/dL以上					
LDLコレステロール	119mg/dL以下					
non-HDLコレステロール	149mg/dL以下					
空腹時血糖	99mg/dL以下					
HbA1c	5.5%以下					
AST（GOT）	30U/L以下					
ALT（GPT）	30U/L以下					
γ-GT（γ-GTP）	50U/L以下					
尿糖	（−）（陰性）					
尿たんぱく	（−）（陰性）					
心電図検査	異常なし					
眼底検査	異常なし					
血清クレアチニン	男性 　1.0mg/dL以下 女性 　0.7mg/dL以下					
eGFR	60mL/分/ 　1.73㎡以上					

キーワード

⑳ 特定保健指導

　メタボリックシンドロームの該当者・予備軍を減らすことを目的に平成20年4月から40歳から74歳の健康保険の被保険者・被扶養者の健康診断に腹囲計測などメタボ関連項目が追加されました。メタボと診断された人は特定保健指導の対象となり、看護師などがその人の特性・リスクに応じた指導を行います。

動機付け支援：個別またはグループ面接で対象者が自分の生活習慣を振り返って立てた行動目標の実行を目指した支援。半年後に評価を行います。

積極的支援：動機付け支援よりさらに踏み込んで電話・メールなどで3ヵ月以上の定期的支援を行い、対象者が自ら立てた行動目標の実行を支援します。半年後に評価を行います。

人生は希望と勇気とサムマネー

時間はある。お金もなんとか。今まで十分働いてきた。これからの人生、満喫しなくては。

人生、これから。あきらめなければ、夢は実現する!

夫婦で

夫婦でいっしょにテニススクールに通うことにしました。意外なことにおデブさんの夫が上手でびっくり。中学生のときテニス部だったなんて、初めて知りました。

地元の同好会

20年も住んでいるのに会社との往復ばかりで、この町のことを何も知らない。市の広報誌でフットサルのメンバーを募集しているから、思い切って参加してみよう。飲み仲間でもできればベター。

主夫修行

定年後の生活について妻の希望を聞いたら、料理を引退したいと言われた。よっしゃ、それなら俺がやる。実は前から興味があった。自分の食べたいものを追求していく。

SNS

今さらだけどフェイスブック、始めた。なんと小1のとき同じクラスだった男子からともだち申請がきた。もしかするとともだち100人できるかも。

○○デビュー

育爺

孫とはかくも可愛いものか。自分の子のとき、何もしなかったことを大いに反省。責任持って孫育てをまかせてもらえるようイクジイの養成講座に通うことにした。

家庭回帰

親孝行

いつの間にかすっかり年をとった両親。今年のGWはオンライン帰省しかできなかった。時間ができたらゆっくり出かけて、いろいろな話を聞いてあげよう。

もう一度

「エリーゼのために」で終わってしまったピアノ。習いなおしてちゃんと弾けるようになりたい。

学び直し

高校時代大の苦手だった古文の授業。最近、源氏物語に興味が出て来て、もっと真面目に勉強すればよかったと今さら反省。近くの大学で公開講座があるらしい。若い学生にまざって講義を聴きにいこうか。

英会話

英会話を勉強してボランティアガイドとまではいかずとも困っている人に道の説明ぐらいできるようになれれば。

今度こそ

ダイエット

今まで多分、年の数くらい挫折してきたダイエット。敗因はどうも研究不足にあるらしいと最近思うようになりました。食事・運動・休養をバランスよく、健康的に取り組んで、見た目年齢マイナス10歳をめざします!

貯金

子どもが大学を卒業してから70歳までの7年間。生活全般を見直し、今度こそしっかりお金を貯めて安心して老後を迎えたい。

ふるさとにUターン

旅行で魅せられたあの土地にIターン

新天地

お気に入りのあの国でロングステイ

都心の駅チカのマンションに住み替えて便利生活実現